JN415622

충성하는 구역

“나를 능하게 하신

그리스도 예수

우리 주께 내가 감사함은

나를 충성되이 여겨

내게 직분을 맡기심이니”

(딤전 1:12)

52주 구역공과 시리즈 **개역개정판**

NEW

충성하는 구역

예수사랑

◈ 머리말 ◈

일반 세상에서도 충성이란 말은 귀중하게 쓰이는 단어이다. 더더군다나 군대에 나간 군인이 나라에 충성하는 것은 아무리 강조해도 부족함이 없다고 하겠다. 군인은 나라에 충성을 다하되 생명을 걸고 충성하며 최선을 다하여 충성한다. 충성은 군인의 가장 기본적이면서도 가장 중요한 덕목 중의 하나이다.

성경에서는 신자를 그리스도의 군사라고 했다. 그렇다면, 성경은 어찌하여 신자를 군사라고 표현했는가? 이 세상은 비록 눈에는 보이지 않을지라도 항상 영적인 전쟁상태에 있다. 우리의 대적은 원수 마귀의 흑암의 세력이며, 흑암의 마귀 세력은 끝없이 하나님의 나라 천국 확장을 방해하고 있는 세력이다. 뿐만 아니라, 원수 마귀는 신자가 주님께 충성할 때에 하나님께서 주시는 놀라운 축복들을 어떻게 해서든지 받지 못하도록 방해하는 훼방꾼이기도 하다.

이런 면에서 신자는 예수님을 대장으로 모시고, 원수 마귀의 세력과 싸우는 그리스도의 군사이다. 군사에게서 가장 중요한 것은 충성이다. 그러므로 나를 군사로 부르신 주님께 대한 충성은 신자의 가장 기본적인 덕목이다. 신자가 맡겨진 바에 충성하며 사명을 잘 감당할 때에, 예비된 놀라운 축복들이 상급으로 주어진다.

우리 그리스도인의 주님께 대한 충성은 주님의 몸된 교회를 통해서 이루어진다. 이번 구역공과는 바로 주님의 몸된 교회를 통해서 충성의 삶을 실천하려는 그리스도인들이 어떻게 우리의 충성과 헌신의 삶을 아름답게 실천할 수 있는지에 대하여 그 초점이 맞추어져 있다. 충성은 거창한 것도 아니며, 어려운 것이 아니라는 것을 가르친다. 오히려 충성이란 작은 일부터, 내게 맡겨진 것을 주님의 몸된 교회를 중심으로 하여 시작하도록 내용을 구성하였다.

어떤 사람은 말하기를 그리스도인은 첫째도 충성, 둘째도 충성, 셋째도 충성해야 한다고 하였다. 이번 공과에는 그 충성에 대한 이야기들을 각종 예화를 곁들여서 새롭게 꾸며 보았다. 본 구역공과에 예화를 곁들임으로써 새롭게 사용하려고 하는 구역예배 공과로서 사용하기에 좋은 교재가 되리라고 여긴다.

모쪼록 금번 충성하는 구역을 통하여 각 교회마다 충성하는 사람들이 부지기수로 나타나서 크게 부흥하는 역사를 이루기를 간절히 기원하는 바이다.

도서출판 예수사랑

Contents

Ⅲ. 구원과 확신

Ⅳ. 전도와 행복

Ⅴ. 신앙과 목표

Ⅵ. 복종과 섬김

Ⅶ. 중보와 기도

Ⅷ. 절기공과

I

교회와 충성

제 1과

충성함으로 시작하라

- 본문 / 계 2:10(p.400)
- 찬송 / 384, 405

할렐루야! 전도합시다!

가라는 명령만 받았네!

폭풍우에 배 한 척이 조난을 당해 구조를 요청했다. 곧 구조 명령이 떨어졌고, 선장은 선원들을 태우고 구조에 나섰다. 이때 선원 한 사람이 만류했다. "선장님, 이 폭풍우를 어떻게 뚫고 나갑니까? 불가능합니다. 잘못하다간 우리까지 죽고 맙니다." 그러나 선장은 "그래도 가야 돼. 우리에게는 구조 명령이 떨어졌고, 그들의 생명은 우리에게 달려 있어." "그렇지만 선장님…" "우리는 가라는 명령만 받았네. 저들의 생명을 구하러 가라는 명령 말일세."

신자가 주님께 충성하는 데는 어떤 이유가 있을 수 없다. 주님께서 말씀하시고, 요구하시는 것이 충성이기 때문에 우리는 그 길을 간다. 그 어떤 일 앞에서도 주님의 명령을 따라서 충성의 길을 걸어가도록 하자. 특별히 금년 새해에는 충성함으로 시작하는 한 해가 되도록 해 보자. 충성을 내 신앙의 최우선 과제로 삼아보도록 하자.

그렇다면, 신자가 어떻게 충성함으로 시작할까?

1. 충성의 시작이 중요하다

사람이 인생에서 성공하려면 성공을 위한 몇 가지 요소를 가져야 한다. 그 중에 하나는 어디까지 성공할 것인지에 대한 성공의 고울(Goal)이며 목표를 가져야 하고, 두 번째는 목표한 바를 이루기 위하여 필요한 행함(Take a action)을 가져야 한다. 그러므로 당신이 성공의 목표를 세웠다면, 그 성공을 성취할 때까지 성공을 위한 실천을 지속해야 한다.

옛말에 시작이 반이란 말이 있다. 금년 새해에는 주님께 충성의 삶을 목표로 세우고 시작하는 해가 되도록 해보자. 당신의 신앙생활에서 주님 앞에 충성하는 삶을 가장 높은 순위에 놓고 한 해를 시작한다면, 주님도 우리에게 대한 약속의 축복을 반드시 이루실 것이다.

다음을 읽고, 바울의 확신을 통하여 우리의 확신을 재정립해 보도록 하자.

☞ 빌 1:6을 읽으시오(p.317). ______________________________

____

2. 첫날부터 마지막 날까지 충성하라

교회의 직분은 사람이 준 것 같지만, 사실은 교회의 머리되신 예수께서 우리에게 주신 것이다. 그러므로 직분자는 내게 주신 직분이 무엇이든지, 또는 내가 맡은 직분이 무엇이든지 첫날부터 마지막 날까지 충성하는 것이 중요하다.

우리가 때때로 교회에서 앞장서서 일하다가 보면, 원치 않는 오해를 받기도 하고, 때로는 욕을 먹기도 하며 실족하여 넘어질 수밖에 없는 환경에 처할 때가 생기기도 한다. 그럴 때마다 원수 마귀는 성도의 충성심을 흔들고 꺾는 경우가 종종 있다. 하지만, 그리스도인은 원수 마귀의 궤계를 물리치고 첫날부터 끝날까지 죽도록 충성하는 삶이 중요하다.

다음을 읽고, 예수는 언제까지 충성했는지 알아보고, 주님께서 우리들에게 죽도록 충성하라(계2:10)고 하신 것과 비교해 보자.

☞ 빌 2:5-8을 읽으시오(p.319). ______________________________

____

3. 내 힘을 의지하지 말고, 주님을 의지하여 하라

교회란 예수를 믿는 그리스도인들의 신앙 공동체이며, 신자는 서로 형제이며 자매이다. 그리고 교회의 주인은 교회의 머리되신 예수님이시다. 그러므로 신앙생활하는 동안에 어떠한 일도 내 힘으로 하려고 하지 말라. 사람의 능력에는 한계가 있어서 처음에는 뜨겁게 시작했다가도 얼마 못 가서 쓰러지고 넘어지기 쉽다. 그러나 신자가 주님을 의지하여 주님이 주시는 능력을 힘입어서 감당하면 아무리 힘들고 어려운 일이라고 할지라도 피곤하지 않고 오히려 기쁨과 감사로 감당할 수 있게 된다.

금년 한 해를 충성함으로 감당하도록 하자. 그러나 내 힘을 의지하여 하지 말고, 주님이 주시는 능력을 힘입어서 감당하도록 하자.

다음을 읽으시오.

☞ 빌 4:13을 읽으시오(p.322). ____________________

____

나눔의 시간

1. 오늘의 말씀을 통해서 느낀 점을 말해보자.

2. 금년 한 해의 충성을 계획해 보자.

제 2과

주님 중심으로 충성하라

- 본문 / 히 3:1-6(p.354)
- 찬송 / 430, 416

할렐루야! 전도합시다!

목숨을 걸고 불 속으로

서커스를 볼 때마다 꼭 등장하는 중요한 순서 중의 하나가, 조련사의 지시에 따라 맹수들이 불이 붙은 화환(火環)의 원을 통과하는 모습이다. 털이 많은 맹수는 절대적으로 불을 무서워한다. 그러나 조련사가 명령하면, 조련사의 지시에 따라 불로 뛰어든다. 그 이유는 조련사를 절대적으로 믿기 때문에 가능한 일이다.

그리스도인이 그 중심으로 나의 생명의 주인이신 예수 그리스도를 진심으로 믿는다면, 주님의 말씀 앞에서 중심을 다하여 충성하는 일은 어려운 일이 아니다. 그렇지만, 오늘날 주님의 명령 앞에서 자신의 생명을 다하여 충성할 수 있는 그리스도인은 얼마나 될까?

본문에서 모세와 그리스도 두 분다 하나님 앞에서 충성을 하였다고 밝히고 있다. 하지만, 같은 충성이라도 모세가 충성된 것과 그리스도가 충성한 것은 그 자체가 다르다. 모세는 사환으로서 충성하였지만, 예수는 아들로서 충성하였다. 우리는 여기서 신자의 교회생활에서의 충성은 그리스도 중심이어야 함을 배운다.

그렇다면, 우리가 어떻게 할까?

1. 주님을 먼저 생각하며 충성하라

삶에는 우선순위가 중요하다. 그 사람의 인생의 운명은 삶의 우선순위를 어디에다가 두느냐에 따라서 달라진다. 신앙생활에서도 우선순위가 중요하다. 주일성수에서도 우선순위가 중요하다. 주일성수를 삶의 최우선에 놓고 사는 사람은 매 주일 예배에 빠질 까닭이 없다. 헌금생활에도 우선순위가 중요하다. 매월 수입에서 주님께 드려야 할 연보를 우선순위에 놓은 사람은 연보생활에도 기쁨, 감사, 감격이 있게 되고, 당연히 축복의 사람이 될 수밖에 없다. 신자가 신앙생활에서 승리하는 비결 중에 하나도 우선순위를 주님께 두고 살고 있느냐 이다. 주님을 먼저 생각하며 사는 사람은 충성의 그 모습도 다를 수밖에 없다.

다음을 읽고, 베드로가 책망 받은 원인을 알아보자.

☞ 마 16:23을 읽으시오(p.27). ________________________________

____

2. 내 뜻을 주님 뜻 앞에 복종시키라

신자가 신앙생활을 하면서 주님의 몸된 교회에서 충성, 헌신의 삶을 살다가 보면, 처음에는 순수하게 시작했다가도 차츰 그 일에 익숙하게 되고 많은 사람들 앞에서 드러나게 될 때에 자기도 모르는 사이에 신앙의 변질을 경험하는 경우가 있다. 신앙의 변질은 처음에는 주님의 뜻을 앞세워서 시작했지만, 차츰 주님 뜻보다 인간인 내 생각을 따르는 데서부터 출발한다. 그러므로 신자의 신앙승리의 관건은 내 뜻이 생겼을 때에도 주님 뜻을 먼저 생각하고 그 뜻 앞에 복종할 수 있느냐 이다. 금년 한 해의 충성은 내 뜻을 주님 뜻 앞에서 복종시키는 삶의 출발로부터 시작하는 해가 되자.

다음을 읽고, 갈라디아 교회의 문제를 발견해 보자.

☞ 갈 3:1-3을 읽으시오(p.304). ________________________

____

3. 주님께서 기뻐하시는 것을 찾아서 하라

신자가 주님을 중심으로 한다는 것의 다른 하나는 주님께서 기뻐하시는 것을 찾아서 행하는 것이다. 내가 무엇을 하든지, 어떤 자리에 있든지 주님께서 이 시간 이 자리에서 기뻐하시는 것이 무엇일까를 먼저 생각하면서 행하는 사람은 주님을 중심으로 해서 살아가는 자가 될 수 있다.

다음을 읽고, 모세가 칭찬 받은 믿음의 원리를 알아보자.

☞ 히 11:24-26을 읽으시오(p.366). ________________________

____

나눔의 시간

1. 오늘의 말씀을 통해서 느낀 점을 말해보자.

2. 우리가 신앙생활에서 주님을 중심으로 사는 것의 어려움은 어떤 것들이 있는지 의논해 보자.

제 3과

내가 맡은 일에 충성하라

- 본문 / 딤전 1:12(p.337)
- 찬송 / 263, 333

◆

할렐루야! 전도합시다!

종 치다가 하늘나라로

스위스의 어느 마을에 40년 동안이나 한 번도 빼먹지 않고 교회의 종을 치다가 하늘나라로 간 사람이 있었다. 어느 주일 저녁, 늙고 병이 들어 움직이기조차 힘들어하던 그가 저녁 종을 칠 시간이 되자 있는 힘을 다 내어 자리에서 일어났다. 사람들은 깜짝 놀라서 그가 종치기를 만류했지만, 그는 주위 사람들의 만류를 뿌리치고 종을 치러 나갔다. 그리고 종 치는 일을 다 끝낸 그는 그 자리에서 쓰러져 다시는 못 일어나고 말았다고 한다. 그 시간 하늘나라에서는 충성의 면류관이 준비되어 있음에 틀림없다.

주님의 교회에서 내가 맡은바 사명에 충성하는 삶은 아주 귀하다. 주님께서 내게 주신 일이 큰 일든지 작은 일이든지 상관없이 내 자신이 맡은바 일에 최선을 다하여 충성하는 사람을 오늘도 주님은 찾고 계신다. 그리스도인은 자신이 맡은 직분에 믿음과 충성으로 기도하면서 잘 감당하려는 신앙 자세가 필요하다.

그렇다면, 직분 맡은 자에게는 어떤 마음가짐이 필요한가?

1. 주님이 맡겨 주셨다는 마음

교회의 직분은 목회자가 임명하여 세운 것 같지만, 목회자는 하나님을 대신하여 기도하는 중에 직분을 세운 것뿐이며, 실제로는 주님께서 내게 목회자를 통해서 직분을 세워 주신 것이다. 주님께서 우리에게 직분을 주신 이유는 그것을 잘 감당하여 축복을 받게 하시려고 하는 뜻이 있다. 그러므로 신자가 자기가 맡은바 직분을 충성스럽게 잘 감당하려면, 내가 받은 직분은 주님이 주신 것이라고 하는 마음을 간직할 때에 가능하다. 주님이 내게 맡겨 주신 사실을 확신하며 사는 사람은 자신의 직분을 감당함에 있어서 남과 다를 수밖에 없다. 그런 사람은 자신의 직분에 대하여 두렵고 떨리는 마음으로 감당하게 되며, 소홀함이 없게 될 것이고, 직분의 감당을 위해서 기도하지 않을 수 없다.

다음을 읽으시오.

☞ 딤전 3:13을 읽으시오(p.339). ______________________________

____

2. 감사와 감격하는 마음

과거의 바울의 삶에서는 참된 '감사' 라는 것이 있을 수 없었다. 그가 감사한 것은 그가 잘 되었을 때든지, 출세를 했을 때 등등 자신이 잘 되었을 때만의 감사였다. 그러나 오늘 12절에서의 감사내용은 그가 출세를 했기 때문이라든지, 풀리지 않던 문제가 해결되었기 때문에 감사한 것은 아니다. 그는 자신을 능하게 하신 주님을 생각하면서 감사하였다.

여기서 '나를 능하게 하신' 이라는 말은 '나에게 힘을 주신' 이라는 뜻의 말이다. 바울은 죄만 짓던 자신을 주님께서 불러 직분을 주시기만 한 것이 아니라, 그 직분을 잘 감당할 수 있도록 힘까지 주시는 주님을 생각하면서 감사, 감격하지 않을 수 없었다.

다음을 읽고, 주님께서는 직분 받은 자가 자신의 직분을 잘 감당하기 위해서 필요한 것이 무엇이라고 했는지 알아보자.

☞ 고전 4:1-2을 읽으시오(p.266). ______________________________

____

3. 분명한 비전의 마음

바울의 과거는 포행자요, 핍박자요, 훼방자의 삶이었지만, 이제 그리스도 안에서 완전히 변화되었다. 그는 과거의 삶과는 전혀 다른 그리스도 안에서 새로운 삶의 비전을 갖게 된다. 바울의 비전은 그리스도 안에서의 새로운 삶이었다. 복음을 위해서 살고, 복음을 위해서 죽으며, 복음을 위해서 모든 것을 헌신하는 그런 삶이 바울의 새로운 비전으로 자리를 잡은 것이다.

인생의 참된 행복자는 세상의 물질, 명예, 권세가 많은 사람이 아니다. 그러한 것들은 일시적인 행복을 줄지언정 영원한 인생의 참된 행복을 주지는 못한다. 그러나 자기의 맡은바 사명과 복음을 위해서 죽도록 충성하며 사는 사람은 진정한 인생의 행복을 가진 자이다.

다음을 읽고, 바울의 행복을 발견해 보자.

☞ 빌 1:20-21을 읽으시오(p.318). ______________________

____

나눔의 시간

1. 오늘의 말씀을 통해서 느낀 점을 말해보자.

2. 당신의 직분에 대한 각오를 말해보자.

제 4과

작은 일부터 충성하라

- 본문 / 마 25:21-23(p.43)
- 찬송 / 428, 354

◇

할렐루야! 전도합시다!

성전건축과 헌신

시골의 어떤 교회에 집사 한 분이 있었다. 그가 출석하는 교회에서 성전건축을 하게 되었다. 그분은 가진 물질이 없었다. 그러나 낙심하지 않고 나도 드릴 수 있게 해달라고 기도하였다. 어느 날 신문을 보다가 우연히 눈을 고가에 사겠다는 광고를 보았다. 순간 가슴이 뜨거워졌다. 그는 눈을 사겠다는 병원으로 달려갔다. 그가 찾아간 곳은 전주예수병원이었다. 원장님은 "당신이 눈을 팔려고 하는 이유가 무엇이냐?" 고 물었다. 그때에 눈물을 흘리면서 말했다. "원장님! 우리 교회에서 성전을 짓는데, 나는 아무 것도 가진 것이 없어요. 그래서 내게 있는 가장 작은 이 눈이라도 주님께 드리려고요." 그 말을 들은 원장님은 크게 감동을 받았다. 병원에서는 눈을 산 것보다 더 큰 은혜를 받았다면서 교회의 건축을 위한 기금을 마련해 주었고, 그 소식을 들은 미국의 어떤 부호가 건축설계 및 건축일체를 전담해 주었고, 그 집사님의 자녀들까지도 미국에서 공부할 수 있도록 초청을 했다. 내게 있는 작은 헌신이 큰 축복의 역사를 이루어 낸 것이다.

오늘 본문은 외국에 떠나기 전에 종들을 불러 다섯 달란트, 두 달란트, 한 달란트를 주고 오랜 기간이 지난 후에 종들을 불러 결산하는 주인의 모습이 나온다. 주인은 그들 중에서 두 배의 이익을 남겼다고 보고하는 다섯 달란트를 받았던 사람을 칭찬하였다.

본문 21절에 보면, 청지기에게 '작은 일에 충성하였으매' 라고 칭찬하였는데, 여기서 작은 일에 충성하는 마음은 어떤 마음인지 알아보자.

1. 나의 최선을 다하는 마음

어떤 사람은 주님의 일을 하는데, 내가 할 일을 다 하고 나서 남는 시간에만 충성하는 사람이 있다. 또한 주님께 헌신을 할 때에도 내가 쓰고 난 후에 남는 것이 있을 때에만 헌신을 하는 것으로 오해를 하는 사람이 있다. 그렇지만, 주님에 대한 충성과 헌신의 올바른 자세는 내가 사용하고 남는 것으로 하는 것이 아니라, 나의 최선을 주님께 드리는데 있다. 나의 최선은 주님 앞에서 가장 작은 것이다. 다섯 달란트를 받은 사람이 칭찬 받은 이유는 그가 맡은바에 대하여 최선을 다하는 삶을 살았기 때문이다. 오늘날 우리도 내가 맡은바 사명에 대하여 최선을 다하는 삶을 살도록 하자. 그래서 주님 앞에 칭찬 듣는 자가 되자.

다음을 읽고, 직분자에게 필요한 것이 무엇이며, 그것을 위해서 어떻게 하는 것이 좋을지를 말해보자.

☞ 행 6:3을 읽으시오(p.195). ______________________________

____

2. 주님 앞에서 겸손한 마음

작은 일에 충성할 줄 아는 사람은 겸손한 마음을 가진 사람이다. 교만한 사람은 세상에서나 교회에서나 똑같이 명분이 서고 이름을 남기는 일에는 앞장서지만, 남들이 잘 알아주지 않거나 인정해 주지 않는 작은 일들에 대하여서는 외면한다. 그렇지만, 겸손한 사람은 세상 사람들을 의식하지 않으며, 큰 일과 명분이 서는 일에만 앞장서는 것이 아니라, 작은 일에서부터 최선을 다한다. 겸손한 사람의 마음은 아무리 작은 일을 맡긴다고 할지라도 "나같이 부족한 사람에게도 주님을 위해서 이같이 일 할 수 있는 기회를 주시다니! 주님 감사합니다."라고 하며 감사와 감격을 가지고 감당한다.

다음을 읽고, 겸손한 마음의 중요성을 알아보자.

☞ 약 4:6을 읽으시오(p.374). ______________________________

____

3. 작은 일도 큰일처럼 생각하는 마음

집을 짓는 데에는 기둥도 필요하고 대리석과 같은 아름다운 건축 재료도 필요하지만, 눈에 잘 보이지 않는 곳에 있는 작은 부속 자재들도 필요하다. 아름다운 집은 큰 기둥만 세워져있는 집이 아니다. 작은 부분에까지 작은 재료들을 잘 활용하여 세밀하게 짓은 집이다. 건축가는 아름다운 집을 짓기 위해서 남들이 지나치기 쉬운 잘 보이지 않는 부분까지도 매끄럽게 마무리를 한다.

우리의 신앙생활에서 아름다운 신앙생활을 하는 비결 중의 하나는 남들에게 눈에 잘 띄지 않는 작은 일이라고 할지라도 큰일처럼 생각하면서 잘 감당할 때에 이루어진다.

다음을 읽으시오.

☞ 눅 16:10을 읽으시오(p.122). ____________________

____

나눔의 시간

1. 오늘의 말씀을 통해서 느낀 점을 말해보자.

2. 그동안 하지 못했지만, 이제부터 할 수 있는 것들은 무엇이 있을까?

제 5과

생명을 걸고 충성하라

- 본문 / 롬 14:7-8(p.258)
- 찬송 / 380, 384

할렐루야! 전도합시다!

생명을 건 충성

어떤 목사님이 자기의 경험을 이야기했다. 하루는 그가 경찰 훈련을 받은 개를 샀는데, 동네 아이들의 야구공이 날아와 유리 한 장을 깼다. 그 때 그 목사님은 아이들에게 "학교 운동장에 가서 놀아라!"(Go to school!)고 소리쳤다. 그 순간 함께 있던 개가 서너 번 문에 뛰어올랐다. 무슨 영문인지 모른 목사님이 문을 안 열어주니까 개는 넓은 유리창으로 돌진하여 유리창을 깨고 나가서 공을 물어 왔다고 한다. 자기의 몸을 돌보지 않고, "가라!" 고 하는 주인의 말에 달려 나간 그 개를 바라보면서 한 가지 깨닫게 된다. 과연 우리 그리스도인들은 주님이 명령하실 때에 그 개와 같이 생명을 걸고 결단하여 달려 나갈 수 있는지?

하나님께서 사람을 이 땅에 보내셨을 때에 그냥 보내지 않았다. 각자 한 사람마다에게 필요한 사명을 주셨다. 그래서 우리가 일평생을 살아가면서 주님께서 내게 주신 그 사명을 잘 감당하는 것은 곧 신앙의 핵심이며 충성의 핵심이다. 사명을 감당하는 자는 생명을 걸고 충성해야 한다.

그렇다면, 그리스도인이 자기의 사명을 감당할 때에 생명을 걸고 충성할 이유는 무엇인가?

1. 사명이 생명보다 귀하기 때문이다

어떤 사람은 말하기를 "사명은 생명보다 더 중요하다."라고 이야기 했다. 그렇다. 신자가 자기의 사명을 감당하고 있는 한에 있어서는 주님께서 책임져 주신다고 확신한다. 그런 충성은 사명의 중요성을 인식할 때에만 가능하다.

바울은 사명의 중요성을 알았다. 그래서 그는 살아도 죽어도 주를 위해서 살고 죽는다고 고백하고 있다. 이것은 나의 삶의 모두를 주님께 우선권을 두고 산다는 말이기도 하다. 당신이 주님께 삶의 우선권을 두고 살아갈 때에 당신의 사명은 아름답게 감당 될 것이다.

다음을 읽고, 바울 사도가 사명 감당을 위해서 어떻게 했는지 알아보고, 그 이유를 말해 보자.

☞ 행 20:24을 읽으시오(p.223). ______________________________

____

2. 영원한 상급이 기다리고 있기 때문이다

하나님께서는 우리에게 일만 죽도록 시키고 아무런 대가를 주지 않으시는 악한 농부가 아니시다. 신자가 생명을 다하여 자신의 사명을 감당해야 하는 중요한 이유 중의 하나는 주님께서 영원한 상급으로 채워주시기 때문이다. 신자의 축복은 이 땅에서만 아니라, 영원한 하늘나라에서까지도 이어받는 놀라운 은총이다. 이 땅에서의 상급은 이 세상과 함께 불타 없어질 것이다. 하지만, 하늘의 영원한 상급은 영원히 쇠하지 않고 길이 남는 축복이다.

다음을 읽으시오.

☞ 골 3:22-24을 읽으시오(p.327). ______________________________

____

3. 죽어도 다시 사는 신앙이 있기 때문이다

기독교 신앙의 핵심 진리 가운데 하나는 인간의 육신은 죽을지라도 그 영혼은 영원히 죽지 않는다는 것이며, 우리가 지금 죽을지라도 두려워하지 않을 수 있는 이유는 주님 재림하실 때에 다시 부활하는 놀라운 진리가 있기 때문이다.

그리스도인은 그리스도와 함께 십자가에서 옛 사람이 이미 죽었다. 그리고 이제는 그리스도와 함께 새롭게 태어난 존재이다. 그러므로 신자가 부활신앙으로 충만하게 되면 두려울 것이 없다. 살아도 죽어도 주님을 위해서 살 수 있게 된다.

다음을 읽고 부활신앙을 확인해 보자.

☞ 요 11:25-26을 읽으시오(p.165). ______________________________

____

나눔의 시간

1. 오늘의 말씀을 통해서 느낀 점을 말해보자.

2. 생명보다 사명이 중요한 이유를 말해보자.

제 6과

궂은 일부터 찾아서 하라

- 본문 / 행 18:1-5(p.258)
- 찬송 / 347, 354

할렐루야! 전도합시다!

10년의 화장실 청소

상계동에 있는 모 교회의 헌당예배를 참석했다. 그 헌당예배에서 칠순 되신 할아버지 한 분이 특별 감사패를 받았다. 담임 목사님이 감사패를 주면서 설명하기를 그분은 교회 설립부터 지금까지 10년간을 한 주간도 거르지 않고 매주일 교회에 와서 화장실 청소를 하였다고 했다. 목사님이 중간에 칭찬을 한 번도 하지 않았지만 누가 알아주거나 말거나 개의치 않고 주님의 교회에서 봉사하는 것을 최고의 기쁨으로 여기면서 청소를 해왔다고 한다. 교회의 화장실은 더러워질 틈이 없이 항상 유리알처럼 깨끗하였고 은혜의 분위기를 만드는데 일조를 하였다. 그 때문에 감사패를 받았다. 아름다운 교회는 저절로 만들어지지 않는다. 궂은 일도 마다하지 않고 충성하는 신자들의 헌신을 통해서 이루어진다.

고린도 교회는 어떻게 부흥되었을까? 그곳에는 브리스길라와 아굴라 부부의 헌신이 있었기 때문에 가능했다고 할 수 있다. 원래 그들 두 사람은 모두가 소아시아의 유대인이었으며, 본도 출신이고, 글라우디오 황제 시대에 로마에서 유대인들을 추방할 때에 그곳을 떠나서 고린도에 정착을 하였다. 그들은 바울이 고린도에 와서 복음을 전할 때에 함께 하였다. 집을 제공했고, 음식을 제공했으며, 모임을 주선했다. 그리고 고린도 교회의 모든 궂은 일을 도맡아 감당하였다. 그 결과 고린도 교회가 크게 부흥하게 되었던 것이다.

그렇다면, 주님의 몸된 교회에서 궂은 일부터 찾아 충성할 이유는 무엇인가?

1. 교회의 분위기가 좋아진다

어떤 사람은 교회의 분위기가 좋으려면 작은 교회라야 된다고 하기도 하며, 또 다른 사람은 큰 교회라야 한다고 하기도 한다. 그렇지만, 교회의 아름다운 분위기, 은혜로운 분위기의 창출은 교회의 규모와 관계가 없다. 교회가 크냐 작냐의 문제가 아니고, 그 교회의 구성원들의 신앙자세 여하에 달려있다.

교회 구성원들이 궂은 일부터 찾아서 자기의 사명을 감당하며 죽도록 충성할 때에 그 교회의 분위기는 좋아질 수밖에 없으며, 각자 구성원들이 헌신할 줄 모르고 자기만 안다면 그런 교회의 분위기는 어두워질 수밖에 없게 됨은 자명하다.

다음을 읽고, 초대교회에서 있었던 아름다운 분위기를 3가지 이상 말해 보자.

☞ 행 2:41-47을 읽으시오(p.190). ______________________

____

2. 주님의 영광이 나타난다

교회의 모든 구성원들과 중직자들이 자기의 맡은바 사명을 감당하면서 몸을 드려 헌신하며 궂은 일을 도맡아 하려 한다면 그런 교회에는 주님의 영광이 나타날 수밖에 없다. 많은 사람들이 교회에 출입하면서 주님이 함께 하심을 칭송할 것이다. 주님의 영광은 죄와 어둠, 이기심이 가득한 곳에 있지 않고, 은혜와 사랑이 충만한 곳에서 나타난다.

다음을 읽으시오.

☞ 고전 10:31을 읽으시오(p.275). ______________________

____

3. 교회의 부흥이 이루어진다

부흥하는 교회를 조사해 보면, 정체된 교회와 뭔가 다른 점이 있음을 발견하게 된다. 그곳에서는 성도들이 자발적이며, 헌신적이고, 은혜와 평화를 사랑한다. 교회에 궂은 일이 있을 때에는 누구에게 미루지 않고 서로 자발적으로 나서서 감당하는 모습이 눈에 띈다. 이상하게도 그런 교회에는 사람이 모이고 부흥한다.

어떤 사람은 자기가 출석하는 교회의 침체 원인을 교회에게만 돌리려고 한다. 그렇지만, 실제로 그 교회의 구성원이 바로 자기 자신임을 깨닫고 나 자신부터 교회의 궂은 일에 앞장서 보도록 하자.

다음을 읽고, 하박국 선지자의 소원을 알아보자.

☞ 합 3:2을 읽으시오(p.1303). ______________________

____

나눔의 시간

1. 오늘의 말씀을 통해서 느낀 점을 말해보자.

2. 우리 구역에서 찾아 할 수 있는 궂은 일을 의논해 보자.

Ⅱ
봉사와 헌신

제 7과

복음을 위해서 헌신하라

- 본문 / 롬 1:16-17(p.239)
- 찬송 / 260, 425

할렐루야! 전도합시다!

깡패 두목의 회개

어떤 깡패 두목이 있었다. 그는 죄를 지어 교도소에 가게 되었고, 그 곳에서 우연히 감방 안에 넣어준 성경을 발견했다. 그는 감방 안에서 할 일 없이 심심할 때마다 성경을 읽기 시작했다. 처음에는 무슨 소리인지 모르겠고 골치만 아프던 성경도 나중에는 그 뜻이 들어오기 시작했다. 그는 성경 속에서 자기의 죄를 발견하고 눈물로 회개하였으며, 출옥 후에 신학교에 가서 공부한 후에 목사가 되었다. 그는 목사가 된 후 전국적으로 다니면서 간증을 하며 은혜를 끼치는 부흥사가 되었다. 어떻게 그가 이와 같이 변화될 수 있었나? 복음은 변화시키는 능력이 있기 때문이다.

그리스도인이 복음을 위해서 산다는 것은 이 세상의 어떤 것에 시간을 투자하면서 사는 것보다 훨씬 아름답고 귀한 것이다. 그래서 예로부터 사람들은 복음을 위해서 사는 목회자와 교역자들을 귀하게 생각해 왔다. 신약시대는 만인제사 시대이다. 그러므로 복음위한 헌신은 목회자만이 아니라, 예수를 믿는 사람은 누구나 복음을 위해서 헌신하는 삶을 살아가야 한다.

그렇다면, 복음이 무엇이기에 복음을 위해서 사는 삶을 살아야 할 것인가?

1. 복음은 구원의 능력이다

복음이란 말의 원어는 '유앙겔리온' 이란 말이고, 이 말의 원래 의미는 기쁜 소식이라는 말이다. 그렇다면, 왜 복음이 기쁜 소식인가? 인간은 원래 죄인이기 때문에 자기의 힘으로는 구원받을 수 없고 영원한 지옥 불에 던짐을 받을 수밖에 없는 존재였다.

하지만, 예수님이 이 땅에 오셔서 우리의 모든 죄를 다 짊어지시고 십자가에서 돌아가시고, 삼 일 만에 부활하심으로 죄인인 우리를 죄와 죽음의 사슬에서 해방시켜 주셨다. 이런 면에서 누구든지 예수를 믿으면 구원을 받는다는 소식이 복음이니, 복음은 기쁜 소식이며, 우리 구원의 능력이 된다. 우리 그리스도인들은 이 복음을 위해서 헌신하여 사는 것이 당연한 것이다.

다음을 읽고, 복음의 정의를 발견해 보자.

☞ 롬 1:16을 읽으시오(p.239). ____________________

____

2. 복음은 교회부흥의 원동력이다

어떤 사람은 말하기를 교회가 부흥하려면 단순히 기능적인 전도에만 초점을 두지 말고, 사람의 영혼을 뜨겁게 사랑하는 마음이 온 성도들에게서 우러나와야 한다고 했다. 신자가 복음의 능력을 알고 복음으로 충만해 진다면, 그런 교회는 복음의 능력이 나타날 것이고 구원의 놀라운 역사가 일어나며 교회부흥은 자연적으로 될 것이다. 복음은 교회부흥의 원동력이다.

다음을 읽어보자.

☞ 행 2:37-41을 읽으시오(p.190). ______________________

____

3. 복음은 승리의 원동력이다

성경은 진리가 너희를 자유케 하리라고 했다. 신자가 복음의 진리로 충만하게 무장되어 있다면, 그런 사람은 언제 어느 곳에서 무엇을 하다가 어떤 어려움을 당한다고 할지라도 두려워할 아무런 이유가 없다.

이 세상은 험한 세상이다. 전쟁, 테러, 질병 등등 우리가 극복해야 할 과제들은 너무나도 많다. 그리고 자칫하면 그러한 것들 때문에 오는 고통으로 인해서 인생에 살 의미마저 잃어버리는 경우도 있다. 하지만, 그리스도인들이 복음으로 충만하게 무장되기만 하면, 이 세상이 어떻게 변한다고 할지라도 두려워할 이유가 없다. 복음은 그리스도인들을 험한 세상에서 승리하도록 이끄는 힘이 있다. 이 세상은 주님이 인도해 주셔야 참된 승리가 있다.

다음을 읽으시오.

☞ 잠 16:9을 읽으시오(p.928). ______________________

____

나눔의 시간

1. 오늘의 말씀을 통해서 느낀 점을 말해보자.

2. 복음의 능력을 체험한 때가 있다면 간증해 보자.

제 8과

지경을 넓혀서 헌신하라

- 본문 / 시 81:10(p.863)
- 찬송 / 428, 450

할렐루야! 전도합시다!

허준 열풍

2000년도 상반기 한국에서 드라마 「허준」 열풍으로 가득했었다. 진정한 의원의 길이 무엇인지를 보여준 「허준」이라는 드라마의 내용을 모르면, 말이 안 통할 정도로 전 국민이 이 드라마를 시청했고, 또한 그를 사랑했다. 그 드라마의 장면 중에서 깊은 감동을 받은 장면이 있다. 바로 환자의 피고름을 직접 입으로 빠는 장면이었다. 그 드라마를 보면서 만약 「허준」이 오늘 날에 살았더라면, 우리 주변의 환경이 얼마나 따뜻할까 하는 생각이었다. 이웃에 지경을 넓혀서 복음이 전파되는 비결 중에 하나는 자기 희생을 통해서 하나님의 사랑을 전달하는 그리스도인들이 우리 주변에 많아질 때가 아닐까 싶다.

우리가 믿는 하나님은 우리가 예수를 믿을 때에 우리의 시야가 세상과 단절되어 사는 것을 원치 않으신다. 하나님은 오히려 주님 안에서 세상을 바라보면서 복음으로 행동해 가는 적극적인 신앙생활을 원하신다는 사실을 기억하자.

그리스도인들은 헌신과 봉사의 삶에서도 그 지경을 넓혀가야 한다. 신자는 불신 이웃에게 복음을 전하여야 하지만, 세상 사람들이 신자의 참된 삶의 모습을 보고서 감동을 받아 예수를 믿는 역사까지 만들어 가도록 해야 한다.

그렇다면, 우리가 어떻게 해야 할까?

1. 네 입을 넓게 열라

본문에서 "나는…여호와 네 하나님이니" 라는 말은 하나님께서 자기를 소개하는 표현이다. 하나님은 신자가 하나님을 바라보면서 살도록 하셨다. 그리고 "네 입을 넓게 열라" 고 하신 것은 주님 안에서 저 넓은 세상을 바라보며 살라는 메시지이다. 능력의 하나님은 자기 백성들이 입을 열어 소원을 가지고 믿음의 고백을 할 때에 기쁘게 축복하여 채워주신다.

다음에서 바울은 그리스도인들이 그 생각을 어떻게 하면서 살라고 했는지 알아보자. 그리고 당신의 생각에서 바꾸어야 할 점이 있다면 이야기해보자.

☞ 빌 3:15-16을 읽으시오(p.321). ________________________

____

2. 지역사회를 염두에 두라

신자가 교회에 다닌다고 해서 오직 내 교회만 생각하는 신앙이 최선이라고 할 수는 없다. 진정으로 내 교회가 부흥하고 아름다워지는 것을 바란다면 내가 출석하는 교회를 중심으로 지역사회를 염두에 두어야 한다. 교회 부흥은 지역사회에서의 그 교회의 이미지가 업그레이드되는 것 없이 이루어질 수는 없다.

지역 사회에 나타나는 교회의 좋은 이미지는 그 교회에 출석하는 성도들이 지경을 넓혀서 봉사의 삶을 살아갈 때에 만들어진다.

다음을 읽고, 아브라함의 축복 비결을 알아보고 적용해 보자.

☞ 창 13:14-15 읽으시오(p.15). ______________________________

____

3. 세계선교에 관심을 갖으라

어떤 선교사는 말하기를 "신자는 내가 사는 동네 이외의 지역을 한 번도 가보지 못했을지라도 우리의 마음은 전 세계 방방곡곡에 기도를 통해서 언제든지 돌아다닐 수 있다."라고 했다.

신자는 자신의 몸이 오지의 선교사는 될 수 없다고 할지라도 전 세계의 방방곡곡을 위한 보내는 선교사가 될 수 있다. 신자는 선교사들에 대하여 기도후원, 물질후원, 마음의 후원자가 되어 선교사의 마음으로 헌신해야 한다. 그렇게 할 때에 땅 끝까지 이르러 복음이 증거되고 하나님의 나라가 확장될 것이다.

다음을 읽고, 주님의 음성에 귀를 기울여 보자.

☞ 막 16:15-16을 읽으시오(p.86). ______________________________

____

나눔의 시간

1. 오늘의 말씀을 통해서 느낀 점을 말해보자.

2. 우리 구역에서 지원할 선교지를 물색해 보고 기도하자.

제 9과

주님의 이름으로 봉사하라

- 본문 / 벧전 4:10-11(p.381)
- 찬송 / 208, 347

할렐루야! 전도합시다!

저는 기독교인입니다.

한 청년이 예수님을 영접하게 된 동기를 간증했다. 제가 운전 초보 일 때 고물차를 끌고 시골길을 가다가 저녁 무렵에 차가 고장이 나 버렸습니다. 그때 참으로 난감했습니다. 약 30분 후에 차가 한 대 멈추더니 도와주겠다고 했습니다. 옷을 벗어 던지고 거의 한 시간 가량 차를 만져주었는데, 다시 시동이 걸리고 차는 움직일 수 있었습니다. 그분은 친절하게 말했습니다. "조금만 천천히 가다보면, 가까운 곳에 정비소가 있습니다." 그뿐만 아니라 그분은 정비소까지 계속 따라와 주었습니다. 너무나 감사해서 이름과 주소를 물었더니 이렇게 말하면서 그분은 그냥 가버렸습니다. "저는 하나님을 믿는 기독교인입니다. 당연히 할 일을 했을 뿐입니다."

인간의 육성 속에는 죄와 교만이 숨어 있어서 어떤 공을 세웠을 때에 자기의 이름을 내려고 한다. 그런 일들은 이 세상에서만 아니라 교회 내에서도 종종 일어날 수 있는 일이다. 신자가 기억할 것은 자신의 삶의 초점을 주님의 영광에다가 맞추고 살아야 하며, 무엇을 하든지 내 이름이 아니라 주님의 이름이 드러나도록 해야 한다는 것이다.

그렇다면, 주님의 이름을 드러내는 삶의 중요성은 무엇인가?

1. 그래야 하나님의 영광이 드러난다

주님의 교회에서 무슨 큰일을 했을 때에 내 이름을 나타내려고 하면 그곳에서 주님의 영광이 나타날 자리가 없다. 내 이름과 내 영광을 챙기려는 사람들이 모인 곳에는 인간의 썩는 냄새가 나고 마귀가 들끓어서 시끄러워진다. 하나님의 영광은 어떤 큰 일을 했다고 할지라도 내 이름이 아니라 주님의 이름을 높이는데서 나타난다는 사실을 기억하자.

다음을 읽고, 성경의 말씀에 귀를 기울여 보자.

☞ 고전 10:31을 읽으시오(p.275). ______________________

____

2. 내가 겸손해 질 수 있다

마귀는 우리가 어떤 작은 봉사를 했을 때에 그것을 충동질하여 교만에 빠지게 만드는 데에 있어서 대단한 선수다. 오늘날 많은 그리스도인들이 마귀의 충동에 넘어가서 교만에 빠지고 문제가 되는 경우가 있다. 신자가 아무리 큰일을 했다고 할지라도 주님의 이름을 높인다면, 주님은 나를 높이시고 칭찬하심을 기억하자. 교만은 자기 스스로 높일 때에 오며, 주님께서 높여주실 때에는 축복이 온다.

본문 10절에 나오는 '선한 청지기' 는 서로 봉사한 후에 자기가 그 영광을 받는 자가 아니라, 주님을 높여 드리고 주님께서 영광을 받도록 하는 자이다.

다음을 읽고, 신자의 아름다운 신앙자세를 배우도록 해보자.

☞ 고후 10:17을 읽으시오(p.296). ______________________________

____

3. 모든 일에 덕이 나타난다

신자가 어떤 일을 했을 때에 자기의 이름을 세우면 덕이 될 수 없지만, 주님의 이름이 나타나게 만들면 아름다운 덕이 나타나며 은혜로운 분위기가 창출된다. 본문 11절에서 "만일 누가 말하려면 하나님의 말씀을 하는 것 같이 하고 누가 봉사하려면 하나님의 공급하시는 힘으로 하는 것 같이 하라" 고 했다. 그리고 이는 만사에 하나님께서 영광을 받으시게 하려는 뜻이라고 했다. 신자는 자기의 신앙생활에서 내가 어떻게 할 때에 덕이 나타나는지를 항상 생각하면서 움직여 가야 할 것이다. 이런 교회와 구역은 저절로 부흥될 수밖에 없다.

다음을 읽으시오.

☞ 롬 15:2를 읽으시오(p.259). ______________________________

____

☞ 엡 4:29를 읽으시오(p.314). ______________________

____

나눔의 시간

1. 오늘의 말씀을 통해서 느낀 점을 말해보자.

2. 교회의 덕이 나타난 사례가 있다면 말해보자.

제 10과

하나님의 성령으로 봉사하라

- 본문 / 빌 3:1-3(p.321)
- 찬송 / 216, 354

할렐루야! 전도합시다!

손이 없는 그리스도의 석상

제 2차 세계대전 후, 어느 마을 성당 앞에 무차별 폭격으로 인해 산산히 부서진 그리스도의 석상이 있었다. 사람들은 조각들을 모아서, 원래의 모습으로 복원하려고 했다. 모든 조각을 다 찾았는데 두 손만큼은 도저히 찾을 수가 없었다. 그런데 누군가가 서투른 글씨로 그 석상에 다음과 같은 글을 썼다. "나는 두 손이 없구나. 누가 내 대신 나의 손이 되어 주겠느냐?" 주님은 우리가 그분의 손이 되어주길 원하신다. 신자가 주님의 손과 발이 되어 성령으로 봉사할 때에 아름다운 주의 이름이 드러나게 될 것이다.

오늘 본문에서 바울은 빌립보 성도들에게 "주안에서 기뻐하라."고 했으며, "하나님의 성령으로 봉사하라."고 했고, "그리스도 예수로 자랑하라."고 했다.

그렇다면, 신자가 육신에 의존하지 않고 이와 같이 주안에서 기뻐하며, 하나님의 성령으로 봉사하고, 예수로 자랑할 이유는 무엇인가?

1. 봉사에 기쁨이 넘친다

신자가 신앙생활을 육신에 의지하면 기쁨과 감격이 없다. 아무리 교회의 봉사에 열심인 사람도 육신에 의존하는 사람은 멀지 않은 날에 조그마한 문제만 생겨도 금방 불평이 나오고 신앙생활에 기쁨이 사라진다.

하지만 신자가 무엇을 하든지 성령님을 의지하여 한다면, 그 사람의 봉사와 헌신에는 기쁨, 감사, 감격이 있으며, 은혜와 행복이 있다. 신자의 봉사에는 기쁨이 있어야 한다. 신자의 봉사에는 성령 충만함이 있어야 한다. 그러기 위해서 우리의 사역에 성령으로 봉사하는 삶을 살도록 하자.

다음을 읽고, 데살로니가 교회의 칭찬의 원인을 살펴보자.

☞ 살전 1:6-7을 읽으시오(p.328). ______________________

____

2. 봉사에 피곤함이 없어진다

어떤 사람은 교회에서 일을 할 때에 이른 아침부터 밤늦게까지 열심히 봉사를 하는데도 피곤함이 없으며 항상 새 힘으로 충만하다. 그러나 다른 사람은 주일날 교회에 나와서 한 번 예배를 드리는데도 피곤하여 졸거나 기쁨과 감격이 없이 억지로 나온다.

그렇다면, 두 사람의 차이는 무엇일까? 신자가 교회의 봉사에 피곤함이 있는 이유는 성령을 의지하지 않고 육신을 의지하기 때문이다. 신자의 봉사는 성령님을 의지해야 한다. 성령으로 봉사하는 그리스도인의 삶은 항상 행복한 그리스도인이 되는 첩경이다.

다음을 읽고, 신자가 봉사를 하면서 실망하거나 포기하지 않고 꾸준히 하게 할 이유를 알아보도록 하자.

☞ 갈 6:7-9을 읽으시오(p.308). ______________________________

____

3. 봉사에 능력이 나타난다

사람이 육신을 의지하여 봉사를 하거나 사역을 하면 그 헌신에는 능력이 없으며, 대신에 인간의 썩는 냄새만 난다. 하지만, 신자가 하나님의 성령에 의지하여 사역을 하면 그 사람이 하는 사역과 봉사에는 능력과 이적이 나타난다.

성령의 사람은 자기만 변화되는 것이 아니라, 그 속에 능력이 있어서 다른 사람들까지도 변화시키고, 그가 하는 사역에 역사를 일으키는 힘이 있다.

다음을 읽고, 초대교회의 사람들에게 예수께서 주문하신 내용이 무엇인지 알아보자.

☞ 눅 24:29을 읽으시오(p.141). ______________________________

____

나눔의 시간

1. 오늘의 말씀을 통해서 느낀 점을 말해보자.

2. 성령의 능력을 덧입기 위해서 어떻게 해야 할까?

제 11과

그리스도의 몸에 초점을 두라

- 본문 / 엡 4:11-12(p.313)
- 찬송 / 292, 310

할렐루야! 전도합시다!

하나님께서 계획하신 날에

한 교회에서 신앙생활을 하는 바닷가 농촌에서 바닷물을 증발시켜 소금을 만들어 파는 사람이 기도했다. “주여, 제발 비가 오지 않게 해 주소서.” 그 소리를 들은 농부가 흥분해서 외쳤다. “누구 농사를 망칠 일 있소! 곡식이 모두 말라죽으면 우린 무얼 먹고 산단 말이오?” 이 문제를 해결하기 위해서 온 마을 사람들이 다 모여서 의논을 해도 뾰족한 방법이 없었다. 그때에 그 교회에서 신망이 두터운 한 노인이 침묵을 깨고 말했다. “우리 서로 의견이 갈리지 말고 주님의 몸된 교회를 먼저 생각하면서 기도합시다. 내 생각에 이 문제는 하나님께 맡기는 것이 좋을 듯합니다. 하나님께서는 모두에게 유익하게 할 것입니다. 하나님께서 계획하신 날에 비가 올 것이고, 하나님께서 계획하신 날에 햇빛을 주실 것입니다."

주님은 교회에 여러 가지 직분을 주셨다. 주님께서 교회에 여러 가지 직분을 주신 이유는 무엇인가? 그것은 직분 맡은 사람들이 서로 협력하여 주님의 몸을 세워가기 위함이라고 했다. 신자의 봉사의 초점이 주님의 몸에 있다는 것이다.

그렇다면, 우리의 봉사의 초점을 주님의 몸에 두어야 할 이유는 무엇인가?

1. 주님의 몸이 곧 교회이다

초대교회 당시에 예수님의 제자들까지도 처음에는 보이는 면에서만 모든 것을 생각했다. 그 때문에 그들은 예수님의 말씀의 의미를 처음에는 정치적 의미로 이해하여 예수께서 로마의 식민 통치를 종식시키고 유대에 새로운 정치 체제를 세울 것이라 희망했다. 그래서 제자들은 자기가 그 나라에서 높은 자리를 차지하기 위해 서로 다투고 싸웠던 것이다. 하지만, 예수님은 제자들과는 달리 영적인 이해를 하셨다.

다음을 읽고, 바울 사도는 주님의 몸을 말할 때에 그 몸이 무엇을 의미한다고 가르쳤는지 알아보자.

☞ 골 1:18,24을 읽으시오(p.324). ______________________

____

2. 교회에의 봉사는 주님께 한 것이다

오늘 본문에서 주님께서 교회에 직분자들을 세우신 것은 성도들을 준비시켜서 그리스도의 몸인 교회에 봉사활동을 하게 하려는 것이라고 하였다. 우리는 여기서 한 가지 사실을 깨닫게 된다. 신자의 봉사는 교회에서부터 이루어져야 한다는 것이다. 우리가 교회에 열심히 봉사하는 것은 곧 주님께 열심히 헌신한 것과 똑같은 원리가 되는 것이다. 그 때문에 신자의 헌금, 헌신 봉사는 그 초점이 교회에 있으며, 이웃의 어디에 봉사할지라도 주님의 이름으로 할 것을 요구한다.

다음을 읽고, 우리가 주님의 이름으로 봉사할 이유는 무엇인지 발견해 보자.

☞ 마 18:5을 읽으시오(p.29). ______________________________

____

3. 교회의 부흥이 이루어진다

어떤 사람은 교회 부흥의 원리에 대하여 말하기를 교회가 부흥하려면 먼저 교회의 분위기가 좋아져야 한다고 했다. 은혜롭고 아름다운 교회의 분위기는 많은 사람이 편안하게 느끼게 되며 행복해 한다. 신자의 봉사의 초점이 주님의 몸된 교회에 있을 때에 그 교회의 분위기는 좋아질 수밖에 없다. 좋은 교회의 분위기는 교회부흥의 역사를 창조한다.

예수님이 십자가에 달려 돌아가신 후 초대교회에는 120명의 신자들만이 남아 있었다(행1:15). 그러다가 그 숫자가 갑작스럽게 늘어나서 어떤 날에는 하루에 3천 명(행2:41)이 늘어나는 때도 있었다. 이와같은 놀라운 부흥의 역사는 어떻게 해서 이루어졌을까?

다음을 읽고, 초대교회의 부흥의 비결을 알아보자.

☞ 행 2:41-47을 읽으시오(p.190). ______________________

____

나눔의 시간

1. 오늘의 말씀을 통해서 느낀 점을 말해보자.

2. 우리 구역의 분위기를 아름답게 하기 위해서 필요한 요소들은 무엇인지 이야기해보자.

제 12과

주님을 찬송하면서 봉사하라

- 본문 / 시 103:19-21(p.877)
- 찬송 / 263, 384

할렐루야! 전도합시다!

나에게 연락하게!

미국 독립전쟁 때의 일이다. 10명의 병사들이 있는 힘을 다하였지만 그들이 나르는 목재가 너무 무거워 꼼짝도 하지 않았다. 상사는 채찍을 휘두르며 독려했지만 역부족이었다. 땀만 비 오듯 줄줄 흐를 뿐이었다. 이때 어떤 사람이 말을 타고 가다가 이 광경을 보고 거들었다. "자, 내가 도울테니 다시 한번 해 봅시다."

한 사람이 더 거들자 목재는 수월하게 옮길 수 있었다. 고통 속에서 목재를 수월하게 옮긴 병사들의 얼굴에는 기쁨이 가득했다. 힘을 함께 거든 사람이 말했다. "자, 또 내 도움이 필요하면 이리 연락하시오." 하면서 명함을 한 장 주고 갔다. 그 명함을 보던 상사는 깜짝 놀랐다. 그 명함에는 "총사령관 죠지 워싱턴"이라고 적혀 있었던 것이다.

본문의 다윗은 전쟁과 고통을 많이 경험한 사람이다. 그런데, "내 영혼아 여호와를 송축하라."고 하면서 그는 자신의 영혼을 독려한다. 우리가 찬송하면서 우리의 사역을 감당하며, 우리의 삶을 이끌어 갈 수 있는 비결은 무엇인가? 그것은 주님의 은혜를 잊지 않는데 있다. 다윗은 "내 영혼아… 그 모든 은택을 잊지 말지어다."라고 했다. 신자가 주님의 은혜를 늘 기억하면서 살아가면 힘들고 어려울 때에도 주님께서 나에게 힘을 보태어 주신다. 이러한 사람은 주님의 일에 항상 감사, 찬송하면서 감당하며 살아갈 수 있다.

그렇다면, 신자가 주님을 찬송하면서 사역을 감당하며, 봉사의 일을 할 이유는 무엇인가?

1. 봉사에 힘이 난다

어떤 일을 할 때에 불평하면서 하는 일은 힘이 날 수 없다. 하지만, 신자가 어떤 일을 할 때에 콧노래를 부르면서 주님을 찬송하면서 감당한다면 봉사에 새 힘이 나서 큰일을 해도 힘든 줄 모르고 보람있게 되고, 감사로 감당하게 된다.

신자의 찬송, 감사의 삶은 당연하고 마땅한 신앙자세이다.

다음을 읽어보고, 감사는 어떤 것이라고 했는지 알아보자.

☞ 살후 2:13을 읽으시오(p.334). ______________________

____

2. 내 영혼에 유익이 된다

다윗은 본문에서 "내 영혼아"라고 노래했다. 왜 내 영혼이 감사 찬송의 삶을 살아야 할까? 그리고 어떤 사역과 봉사를 한다고 할지라도 내 영혼이 찬송을 하면서 감당할 이유는 무엇일까? 그것은 그와 같이 할 때에 먼저 내 영혼에 유익이 되기 때문이다. 불평과 원망하면서 감당하는 일에 유익이 있을 수 없다. 하지만 감사와 찬송하면서 감당하는 봉사에는 영혼에 엄청난 유익이 있다.

다음을 읽고, 우리가 우리의 봉사와 사역에 감사와 찬송하면서 하는 영적인 연습을 잘 감당할 이유를 알아보자.

☞ 딤전 4:8을 읽으시오(p.339). ______________________________

____

3. 삶 속에서 이적이 나타난다

어떤 사람은 이적이라고 하면 죽은 자가 살아나고, 암에 걸린 사람이 고침 받으며, 소경이 눈을 뜨고, 앉은뱅이가 일어나는 것만을 생각 할 수 있다. 하지만, 신자가 소망해야 할 이적은 그런 특수한 이적이 아니다. 오히려 우리의 어두운 삶들이 바뀌는 이적의 역사를 체험하는 것이 더 중요하다.

어떤 사람은 천국과 지옥에 있는 사람들의 차이점을 말하기를 천국은 자족과 감사로 하나님께 영광을 돌릴 줄 아는 사람들이 가는 곳이고, 지옥은 아무리 많이 가져도 족한 줄 모르며 은혜를 배반하고 원망과 불평으로 죄만 짓는 인생들이 가는 곳이라고 했다.

그렇다면, 우리의 삶에서 이적을 만들기 위해서 주님이 원하시는 것이 무엇인지 다음을 읽어보자.

☞ 살전 5:16-18을 읽으시오(p.334).

나눔의 시간

1. 오늘의 말씀을 통해서 느낀 점을 말해보자.

2. '범사(살전 5:18)' 라는 말은 헬라어의 '엔 판티' 라는 말인데, 이는 모든 상황과 환경에서라는 의미가 있다. 그렇다면, 우리가 모든 환경과 상황에서 감사할 수 있는 이유는 무엇일까?

Ⅲ
구원과 확신

제 13과

주님의 은혜를 사모하라

- 본문 / 엡 1:1-2(p.309)
- 찬송 / 208, 428

할렐루야! 전도합시다!

100원 돌려주고 지옥으로 보내!

구두쇠 영감이 죽어서 심판을 받게 되었다. 아무리 살펴봐도 입으로만 예수를 믿었지 남에게 베푼 적은 한 번도 없었다. 결국 지옥행으로 결정되었다. 그러자 그 구두쇠 영감은 펄쩍 뛰면서 모월 모일 어디에서 거지에게 100원을 준 적이 있다고 했다. 사실 그러했다. 그때 재판장이 고함을 질렀다. "그 구두쇠에게 100원 돌려주고 지옥으로 보내!" 구두쇠에게 믿음, 사랑, 은혜, 긍휼의 마음은 어디서도 찾아 볼 수 없었던 것이다.

오늘 본문 2절에 보면 '은혜와 평강' 이라는 말이 나온다. 바울 사도는 항상 그의 서신 첫머리에서 자신의 사도권을 강조한 뒤에 항상 은혜와 평강에 대하여 말했는데, 에베소 교회를 향하여서도 은혜와 평강을 기원하고 있다. 또한 이러한 메시지는 오늘날 우리들에게도 똑같이 적용되는 말씀이다.

그렇다면, 우리가 은혜를 얻기 위해서는 어떻게 할 것인가?

먼저 은혜의 의미를 알고 나면 은혜 얻는 길을 배울 수 있다. '은혜' 란 말을 성경원어에 보면 '카리스' 라고 하는 말인데, 이 단어는 다음의 몇 가지 의미를 가진다.

1. 유쾌함을 나타낸다

은혜란 말이 유쾌함을 의미하는 것은 사람이 은혜를 받으면 심령의 상태가 유쾌하게 된다는 것을 의미한다. 다시 말하여 나의 삶에서 심령의 유쾌한 상태가 지속되고 있다면 은혜 받은 상태가 지속되는 것이고, 이상하게 요즈음에 유쾌함이 없고 짜증이 자꾸만 난다면 이는 은혜가 떨어진 상태인 것이다. 그러므로 신자는 항상 새롭게 은혜의 재충만을 보충해야 한다.

다음을 읽고, 우리 영혼에 유쾌함을 얻는 길이 무엇인지 말해보자.

☞ 행 3:19을 읽으시오(p.191). ______________________________

____

2. 대가를 바라지 않고, 거저 주는 것이다

은혜란 대가 없이 거저 주고받을 때에 성립된다. 하나님과 우리들의 관계가 이런 관계이다. 하나님께서도 독생자 예수를 아끼지 않으시고 조건 없이 우리에게 주셨다. 그러므로 신자가 은혜와 평강을 유지하는 삶의 비결은 우리도 조건 없이 섬기며 베푸는 삶을 살 때에 이루어진다는 사실이다.

개인주의, 이기주의가 강하며 인색한 요즘 시대에서 조건 없이 베푸는 삶을 살아가려면 어떻게 할 것인지 주님의 음성을 들어보자.

☞ 마 10:7~8을 읽으시오(p.14). ______________________________

____

3. 감사를 의미한다

은혜란 하나님의 은혜를 받은 자가 그 은혜에 감사 감격하여 나에게 은혜를 주신 주님께 보답하는 양으로 감사하는 것이다. 그래서 은혜란 말에는 감사란 말이 포함되어 있다. 감사하는 자에게 은혜의 삶이 온다.

다음을 읽고, 은혜를 얻기 원하는 신자가 최선을 다하여 자기의 맡은바 직분에 감사함으로서 충성, 헌신, 봉사할 이유를 말해보자.

☞ 고전 15:57-58을 읽으시오(p.284). ______________________________

____

나눔의 시간

1. 오늘의 말씀을 통해서 느낀 점을 말해보자.

2. 당신이 받은바 은혜의 감격을 말해보자.

제 14과

주님의 평강을 소유하라

- 본문 / 엡 1:1-2(p.309)
- 찬송 / 435, 315

할렐루야! 전도합시다!

과자 봉지가 불룩한 이유

과자 회사에서 과자는 조금밖에 안 들었는데, 과자 봉지 속에 질소를 넣어 배가 불룩하게 만든 이유는 무엇인가? 그것은 과자가 많게 보이려고 하는 눈가림이 아니다. 과자가 부서지지 않게 함은 물론, 과자를 상하게 하는 산소를 빼고 질소를 넣음으로 과자를 신선하게 오랫동안 유지시키기 위해 만들어진 아이디어이다.

그리스도인의 신앙도 마찬가지이다. 주님께서 내 마음 속에 넘치게 계실 때에, 우리의 마음은 평강을 갖게 되고, 순전한 신앙을 항상 유지할 수 있다. 그러나 주님과 동행하지 않으면 우리의 믿음도 금방 맛이 가고 만다.

에베소 지방은 부요와 번영의 도시였다. 하지만 부요와 번영을 누리고 살면서도 그들은 영적인 가난뱅이로 살아가고 있었다. 세상에서는 육적인 부와 명성이 있어야 행복과 평강이라고 하지만, 성경의 원리는 육신과 환경에 구애받지 않는 평강을 말한다.

그렇다면, 평강을 유지하는 길은 무엇인가?

1. 예수의 마음이 나를 주장하게 해야 한다

초대교회 성도들은 예수를 믿음으로 수많은 박해와 환난을 당했다. 그런데도 그들에게는 항상 기쁨이 있었고, 그들의 마음에는 평강이 있었다. 신자가 예수 안에서 참된 평강을 사모하는 것은 중요하다. 인간은 누가 그 마음을 지배하느냐에 따라서 그 심령상태가 좌우된다. 마귀, 세상, 죄에게 지배를 당하는 사람은 행복과 평안이 사리지고 짜증, 불평, 원망, 미움, 불안, 두려움에 사로잡혀 살 수 밖에 없다. 그러나 예수님이 그 마음을 지배하는 삶을 사는 사람은 참된 인생의 행복과 평안이 있다.

다음을 읽고, 주님의 평강이 나를 주장하도록 하는 비결을 발견해 보자.

☞ 빌 4:6-7을 읽으시오(p.322). ______________________________

____

2. 심지가 견고해야 한다

어떤 사람이 신앙생활을 잘하게 해 달라고 기도를 했다. 그는 신앙에 만족이 없어서 이 교회, 저 교회로 돌아다녔다. 한 교회에서 1-2년을 못 버티고 또 다른 교회로 바꾸기를 10여 년 동안에 7번이나 교회를 옮겨 다녔다. 그런데도 불구하고 놀라운 사실은 교회를 7번이나 바꾸어서 옮겨 다녔지만, 그 사람의 마음에는 평강이 없었다고 고백을 했다는 사실이다.

그때에 목사님이 그 사람에게 충고하였다. "주님은 심지가 견고한 사람을 축복하십니다. 심지가 견고한 사람의 삶은 처음에는 불안해도 나중에 보면 평안히 찾아옵니다." 심지(心地)란 마음의 심지를 의미한다. 신자가 신앙생활에서 심지를 더욱 견고하게 할 이유는 무엇일까?

다음의 성경에서 발견해 보도록 하자.

☞ 사 26:3-4를 읽으시오(p.995). ______________________

____

3. 주님의 말씀을 사랑해야 한다

어떤 사람이 구 소련의 바이칼 호수를 여행했다. 그 호수가 얼마나 크던지 바다와 같이 크고 넓었으며, 고요하기 이를 데 없었고, 그 호수의 깊이는 어떤 지점은 수천 킬로미터가 된다고 했다.

바이칼 호수에 도착한 사람이 "야호!"를 외치며 기뻐했고, 호수를 향하여 힘차게 돌멩이를 던졌다. 그러나 "풍덩!"하는 조그만 소리를 내고는 이내 조용해졌다. 그 사람은 그것을 보면서 조그만 웅덩이는 조그만 돌만 던져져도 요란하게 물결치지만, 큰 호수, 강, 바다에는 큰 바위가 떨어져도 금방 고요해지는 것처럼, 나는 큰 호수와 같은 평안의 삶을 살리라는 결심을 했다고 한다.

다음을 읽고, 당신에게 있어서 큰 평안이 찾아오도록 길을 여는 방법은 무엇인지 당신의 삶에 적용해서 말해보자.

☞ 시 119:165을 읽으시오(p.896). ______________________

____

나눔의 시간

1. 오늘의 말씀을 통해서 느낀 점을 말해보자.

2. 신앙생활 하면서 언제 참 평안을 느꼈었는지 말해보자.

제 15과

주님을 찬송하라

● 본문 / 엡 1:3-7(p.309)
● 찬송 / 302, 428

할렐루야! 전도합시다!

살아생전 숨쉬고…

1866년 런던호가 바다 한 가운데서 좌초되었을 때의 일이다. 구조 될 가망은 전혀 없고, 배는 점점 가라앉기 시작했다고 한다. 이때, 누군가가 찬송을 부르기 시작했고, 모두 두 손을 들고 그 찬송을 불렀다고 한다. "만세 반석 열리니, 내가 들어갑니다… 살아 생전 숨쉬고, 죽어 세상 떠나서, 거룩하신 주 앞에, 끝날 심판 당할 때, 만세 반석 열리니, 내가 들어갑니다." 찬송은 그리스도인 앞에 놓인 어떤 장애물 앞에서도 두려움을 극복하고 평안하게 만든다.

세상에는 부자로 살면서도 웃음이 없고 찬송의 노래 소리가 없는 삭막한 콘크리트 속에 갇혀서만 사는 그런 사람들이 있는 반면에, 힘들고 가난하지만 기쁨과 감격이 넘치고 웃음과 찬송소리가 넘치는 그런 가정과 일터가 있다. 우리는 예수를 믿는 가정이요, 구원받은 자로서 항상 웃음과 기쁨이 넘치고, 찬송이 넘치는 삶을 살아가야 한다.

오늘 본문에 보면 바울 사도는 로마의 옥중에 갇혀 있으면서도 에베소 교회를 향하여 은혜와 평강의 메시지를 전했으며, 이어서 에베소 교회 성도들이 주님을 찬송하면서 살 것을 강조한다.

그렇다면, 신자가 신앙생활 속에서 만사에 주님을 찬송하면서 사는 삶을 살려면 어떻게 해야 할까?

1. 내게 주신 축복이 무엇인지 알아야 한다

바울 사도는 지금 로마의 감옥에 갇혀있는 신세라고 했다. 그런데도 불구하고 그의 입술에서는 기쁨, 감사, 찬송이 넘쳐서 흘러나올 수 있는 이유는 무엇인가? 바울 사도가 감옥의 어려움 가운데서도 주님을 찬송할 수 있었던 이유는 그가 받은바 은혜와 축복이 무엇인지를 알았기 때문이다.

그렇다면, 바울 사도가 깨달은 복은 무엇인가?

☞ 엡 1:3을 읽으시오(p.309). ______________________________

____

2. 나를 택정하신 주님의 사랑을 발견해야 한다

어떤 사람은 예수를 믿게 된 동기가 무엇인지를 물었더니, "결혼 전에는 예수를 안 믿었는데, 결혼 후에 부인이 예수를 믿자고 해서 가정의 화목을 위해 교회에 나오게 되었다."고 했다.

우리가 어떤 동기로 교회에 나왔거나 사실은 내가 그런 마음을 가지게 되면 훨씬 전에 주님께서 나를 하나님의 자녀와 백성으로 택하여 불러주심으로 우리가 교회에 나올 마음이 생긴 것이고, 그래서 결단하여 교회에 나왔다는 사실이다.

그렇다면, 하나님께서 나를 택정하신 그 시점이 언제인가? 그리고, 어찌하여 그런 사실이 내가 주님을 찬송하면서 살 이유를 제공해 주는지 말해보자.

☞ 엡 1:4을 읽으시오(p.309). ______________________________

____

3. 구속함과 죄 사함 받은 사실을 깨달아야 한다

왜 우리가 예수를 믿으면서도 인생에서 원망과 낙심이 생기는가? 주님께서 내게는 해주신 것이 별로 없다고 여길 때에 그렇게 될 것이다. 그러나 나의 죄를 용서해 주시고, 구속함을 주신 주님을 깨닫기만 하면 감사와 찬송은 저절로 나온다. 내가 예수를 믿게 된 한 가지 사실만을 가지고도 일평생을 감사, 찬송하면서 살아갈 수 있다.

다음을 읽어보자.

☞ 엡 1:7을 읽으시오(p.310). ______________________________

____

나눔의 시간

1. 오늘의 말씀을 통해서 느낀 점을 말해보자.

2. 당신의 찬송생활에 대하여 말해보자.

제 16과

아름다운 성도가 되라

- 본문 / 엡 1:7-14(p.310)
- 찬송 / 450, 386

할렐루야! 전도합시다!

혼이 담기지 않으면 가짜

어떤 귀부인이 피카소의 작품을 엄청난 고가(高價)에 샀다. 미술 평론가가 진품임을 보증했다. "이 그림은 분명히 진품입니다. 피카소가 이 그림을 그릴 때, 제가 옆에 있었습니다." 그러나 피카소는 전혀 딴 말을 했다. "이 그림은 가짜입니다. 이 그림에는 나의 혼이, 나의 열정이 담겨있지 않습니다." 피카소는 자신이 그린 그림을 두고서 자신의 모든 혼이 담기지 않은 습작일 뿐이라고 한 것이다. 하나님 앞에서 참되고 아름다운 성도의 모습은 그 사람의 외향의 모습이 아니라, 나의 목숨을 다하고, 마음을 다하고, 뜻을 다했느냐에 달려있다.

오늘 본문에 나오는 에베소 지역은 그 당시 물질적으로 매우 번영되고 부요한 도시였다. 그곳에 사는 사람들은 물질적으로는 부요한 삶을 누리고 있었지만, 영적으로는 가난뱅이의 삶을 살아가고 있었는데, 이런 모습이 주님 앞에서 아름다울 수는 없었다. 그들은 예수를 믿는다고 하면서도 예수 안에서 주어지는 영적인 부요는 알지 못하고 있었으며, 예수 믿기 전 그대로의 변화되지 못한 삶의 모습 그대로였다. 오늘 본문에서 바울 사도는 그들에게 예수 안에서 아름다운 성도의 모습이 어떤 것인지를 가르친다.

1. 사죄의 확신을 갖고 사는 자이다(7절)

본문 7절에 나오는 '그리스도 안에서' 란 말은 에베소서에 30회, 1장에는 11회나 기록되어 있다. 그래서 어떤 사람은 에베소서의 별명을 「그리스도 안」의 서신이라고 부를 정도이다. 바울은 그리스도 안에서 주어지는 축복을 체험한 사람이다. 그는 그리스도 안에 들어왔을 때 새 사람으로 변화되었고, 예수를 멸시와 핍박하는 포악한 죄인이었지만 그리스도 안에 들어 왔을 때 회개와 복종의 사명자가 되었다. 그리스도 안에서 죄 사함의 확신을 가지고 복음을 전파했고, 사명을 감당하는 아름다운 성도였다.

아름다운 성도는 예수 안에 들어오기 이전의 세상의 죄된 성품들을 과감히 버리고, 예수 그리스도 안에서의 삶을 살아가는 자이다.

다음을 읽고, 우리가 회개할 때에 받는 축복을 확인해 보자.

☞ 요일 1:9를 읽으시오(P.388). ______________________________

____

2. 지혜와 총명이 넘치는 자이다(8절)

어떤 사람이 이런 말을 했다. "바보와 함께 길을 가는 사람에겐 오래도록 근심이 따른다. 바보와 함께 사는 것은 원수와 같이 사는 것처럼 언제나 고통이다. 어진 사람과 함께 살면 친척들의 모임처럼 즐겁기만 하다. 그러므로 달이 천체의 궤도를 따르듯 어질고 지혜롭고 널리 배우고 잘 견디고 믿음 있고 거룩한 사람, 이러한 선인과 선지식을 따르라."

그렇다면, 하나님 앞에서 아름다운 성도는 어떤 사람인가? 그는 지혜와 총명이 있어서 예수께서 나의 모든 죄를 용서해 주셨다는 사실을 확신하고, 어떤 경우에도 감사하면서 사는 성도이다.

다음을 읽고, 성경에서 지혜에 대하여 말하는 것을 확인해 보자.

☞ 잠 3:4을 읽으시오(p.912). ______________________________

____

☞ 욥 28:18, 28을 읽으시오(p.787). ________________________

____

3. 하나님의 뜻을 따라 사는 자이다(11절)

본문 11절에 보면 '우리가 예정을 입어 그 안에서 기업'이 되었다고 말한다. 우리가 예수를 믿게 된 것이 단순히 우연의 일치로 그렇게 된 것이 아니다. 오늘 본문에는 우리가 예수를 믿게 된 것이 만세 전부터 우리가 하나님의 사랑으로 택하심을 입고 예정함을 입었기 때문이라고 했다. 내가 예수를 믿으려고 교회에 나오기 전에 하나님께서 나를 먼저 부르신 것이다. 주님께서 먼저 내 마음속에 예수를 믿어야 하겠다는 감동을 주신 것이고, 나를 먼저 불러 주신 것이다.

이것은 너무나도 놀라운 사실이며, 이런 사실을 깨닫는 자는 나 같은 죄인을 만세 전부터 택하여 예수 믿는 자녀로 삼아주셨다는 사실에 감격하여 살게 되고, 이제부터는 내 뜻이 아닌 주님의 뜻을 따라서 살 결심을 하게 된다.

다음을 읽고, 주님께서 하신 일이 무엇인지 알아보자.

☞ 갈 1:4-5을 읽으시오(p.300). ______________________________

____

나눔의 시간

1. 오늘의 말씀을 통해서 느낀 점을 말해보자.

2. 당신에게 있어서 예수 믿는 감격을 말해보자.

제 17과

내 영혼의 파수꾼을 알라

- 본문 / 엡 1:15-23(p.310)
- 찬송 / 348, 365

할렐루야! 전도합시다!

악어 뱃속의 큰 돌멩이

악어는 어금니가 없다. 대신 뱃속에 모래가 있어서 음식물을 쉽게 소화시킨다고 한다. 그런데 악어의 뱃속에는 모래 외에 커다란 돌멩이들도 들어 있다고 한다. 악어가 물 속에서 수영을 할 때 뒤집히지 않게 중심을 잡아 준다고 한다.

우리의 세상은 험한 바다와 같다. 우리의 인생이 세파(世波)에 뒤집히지 않으려면, 악어 뱃속의 돌멩이처럼, 내 영혼의 파수꾼이신 반석되신 예수 그리스도께서 살아계셔야 한다.

오늘 본문을 보면 바울 목회자의 기도하는 모습이 나온다. 에베소 교회의 행복은 바울과 같은 대 사도가 그들을 위해서 기도하고 있었기 때문이다. 우리들의 눈에는 항상 보이지 않더라도 목회자는 그 교회의 성도들을 위해서 기도의 불침번 역할을 하고 있음을 알고 있는가? 목회자는 날마다 기도하면서 주님 앞에서 기도와 관심으로 성도의 가정과 사업장을 방문하고 있다.

그렇다면, 바울 목회자가 에베소 교회를 향하여 한 기도는 무인지 알아보자.

1. 하나님을 알게 하옵소서!(17절)

이 세상에서 사람이 하나님을 아는 것만큼 큰 축복은 없다. 하나님을 아는 것은 이 세상의 어떤 고상한 지식보다도 귀하며, 어떤 물질의 부요와 보석보다도 귀하다. 그럼에도 불구하고, 많은 사람들이 하나님을 알지 못하고 불쌍한 영혼인 채로 살아가고 있다. 그 당시 에베소 교회에서도 마찬가지로서 에베소 지역은 물질적으로 풍요한 곳이었지만, 하나님을 아는데 있어서는 사람들이 제대로 알고 있지를 못했다. 그래서 바울은 에베소를 향하여 기도하면서 그들이 참되신 하나님을 알 수 있도록 기도했던 것이다.

하나님은 인간의 지식이나 지혜로 알 수 없다. 그렇다면, 우리가 하나님을 알 수 있는 방법은 무엇인가?

다음을 읽으시오.

☞ 엡 1:17을 읽으시오(p.310). ________________________________

____

☞ 마 11:27을 읽으시오(p.18). ______________________________

____

2. 마음의 눈을 열어주소서!(18절)

본문 18절에서 바울은 에베소 교회 성도들의 마음의 눈이 밝아지도록 위해서 기도하고 있다. 그렇다면, 어찌하여 그리스도인들에게 이런 마음의 눈이 밝아지는 것이 필요한가?

마음의 눈은 하나님의 뜻을 밝히 알아보는 능력이 있기 때문이며, 나를 부르신 부름의 소망이 무엇인지 알게 되고, 성도 안에서의 기업의 풍성함이 무엇인지를 알게 한다. 여기 '성도 안에서의 기업' 이란 말은 우리의 기업이 아니라 하나님의 기업을 가리키는데, 하나님의 기업은 구약시대에는 이스라엘 민족뿐이었지만, 신약시대의 하나님의 기업은 예수를 믿도록 부름 받은 풍성한 성도들의 무리를 가리킨다.

다음을 읽고, 성도가 마음의 눈이 밝아지는 비결이 무엇인지 알아보도록 하자.

☞ 시 19:8을 읽으시오(p.815). ______________________________

____

3. 교회를 아름답게 섬기게 하소서!(22-23절)

우리가 교회를 아름답게 섬기려면, 교회는 어떤 곳인지를 바르게 알아야 한다. 만약에 교회에 대하여 오해를 하게 되면, 우리는 신앙생활은 바르게 할 수가 없으며 우리가 주님의 교회를 아름답게 섬길 수가 없다.

오늘 본문에서 바울은 교회에 대하여 말하기를 교회는 그리스도의 몸이고, 그리스도는 교회의 머리라고 했다. 이것은 무엇을 말하는가? 교회란 외

형적으로 크고 작은 것이 문제가 아니고, 숫자가 많고 적은 것이 문제가 아니라, 이 땅의 모든 교회는 주님께서 주시는 놀라운 권세가 있다는 것을 의미한다. 이런 의미에서 신자는 내가 섬기는 교회에 대한 영적인 자부심을 갖고 섬겨야 한다. 교회는 미국의 백악관보다도 한국의 청와대보다도 높고 귀하며 권세 있는 곳이다.

그렇다면, 주님의 교회에 주신 권세는 무엇인가?

☞ 마 16:17-18을 읽으시오(p.27). ____________________

____

나눔의 시간

1. 오늘의 말씀을 통해서 느낀 점을 말해보자.

2. 우리가 예수의 믿음을 받은 권세에 대하여 나누어 보자.

제 18과

놀라운 은혜를 알라

- 본문 / 엡 2:1-10(p.311)
- 찬송 / 95, 191

할렐루야! 전도합시다!

나 같은 죄인 살리신

"나 같은 죄인 살리신…"의 찬송시를 지은 존 뉴톤의 일화이다. 그는 몇백 명의 부하를 거느린, 또한 돈이 되는 일이라면 무엇이든지 다하는 어두운 세계의 알코올 중독자였다. 술이 취한 상태에서 장난삼아 교회에 들어간 적이 있었다. 젊은 목사의 〈탕자의 비유〉에 관한 진지한 설교가 이어지고 있었다. 갑자기 그는 하나님의 사랑에 감동이 되었다. 뜨거운 눈물이 흘렀다. 그는 거듭난 것이었다. 이때의 감동을 기록한 찬송시가 바로 "나 같은 죄인 살리신"이란 찬송이다.

신앙생활은 나를 구속해 주신 주님에 대한 성의 표시가 아니다. 신앙생활은 주님께로부터 받은바 은혜가 무엇인지를 알고, 그 은혜에 대하여 감사 감격하여 주님을 경배하고, 찬송과 영광을 돌리는 행위이다. 그런데, 이런 사실을 오해하여 신앙생활에 바른 태도를 갖지 못하는 사람이 있다는 것이 안타깝다.

그렇다면, 우리들을 향한 하나님의 놀라운 은혜는 무엇인가? 바울 사도는 오늘 본문에서 하나님의 놀라우신 은혜가 무엇인지를 우리들에게 보여준다. 여기서 하나님의 놀라운 은혜는 무엇인지 알아보자.

1. 하나님께서 우리를 살리셨다

본문 1절에 보면, "죽었던 너희를 살리셨도다" 라는 말이 나온다. 그런데, 이곳에서 성경은 '허물과 죄로 죽을 수밖에 없었던 우리' 라고 하지 않고, '허물과 죄로 죽었던 우리' 를 살리셨다고 했다는데 주의하자. 이것은 바로 인간의 문제를 보여준다.

오늘날 대부분의 많은 사람들은 이미 허물과 죄로 죽은 사람인데도 불구하고, 자기가 죽어 있다는 것을 모르고 있다는 사실이다. 그런 사람들은 영적인 세계를 전혀 알지 못하기 때문에 죽어있는 나를 인식하지 못하고, 내가 살아있다고 느끼고 있는 것이 문제이다. 우리가 죽었다는 말은 신체적인 죽음을 의미하는 것이 아니라, 영적인 죽음을 말하는 것이다. 생명의 수여자이신 하나님으로부터의 단절을 의미하는 것이며, 마귀의 지배 아래에 있고, 영원한 지옥에 던짐을 받을 수밖에 없는 상태를 의미한다.

그렇다면, 놀라운 하나님의 은혜는 무엇인가? 다음을 읽어보고, 구원받기 전의 인간의 상태와 구원받은 후의 모습을 알아보자.

☞ 엡 2:1-5을 읽으시오(p.310). ______________________________

____

2. 하나님께서 우리를 하늘에 앉히셨다(6-9절)

본문 3절까지만 보면 참 한심하다. 우리 인간에게는 아무런 희망이 없다. 우리는 모두 멸망 받을 수밖에 없다. 그러나 4절부터는 상황이 역전된다. 원어에 보면, 3절과 4절 사이에는 '그러나' 라는 단어가 있다. 여기서 '그러나' 라는 단어를 수식해 주는 것은 5절과 6절이다.

본문 5-6절을 읽어보고, 절망의 인간에게 베푸신 놀라운 하나님의 은혜를 발견해 보자.

☞ 엡 2:5-6을 읽으시오(p.311). ______________________________

____

3. 구원받은 후에 신자가 해야 할 일

본문 10절에서 우리는 그리스도 예수 안에서 선한 일을 위하여 지으심을 받은 자라고 했다. 그런데 이 말은 인간에게 선을 행할 능력이 있다고 말하지 않으며, 오직 예수 안에서만 가능함을 보여준다. 인간은 비록 구원을 받았다고 할지라도 하나님을 위해서 어떤 일을 행할 능력이 그 자체에는 아무것도 없다. 우리가 신앙생활을 바르게 하려고 하면, 내게 있는 의지와 능력으로 할 것이 아니라, 주님께서 주시는 은혜와 능력으로 해야 한다는 것을 보여준다.

다음을 읽고, 그리스도인이 능력을 발휘할 수 있는 때가 언제인지 알아보자.

☞ 빌 4:13을 읽으시오(p.322). ________________________________

____

나눔의 시간

1. 오늘의 말씀을 통해서 느낀 점을 말해보자.

2. 당신이 받은 주님의 은혜를 한 가지씩 이야기하여 보도록 하자.

제 19과

구원의 확신을 갖자

- 본문 / 엡 2:8-10(p.311)
- 찬송 / 386, 200

할렐루야! 전도합시다!

손을 놓으라니까!

구원의 확신이 없는, 혼자 잘난 척 하는 사람이 깜깜한 밤중에 길을 가다가 실수로 낭떠러지에서 발을 헛디뎠다. 떨어지던 중 다행히 나뭇가지를 잡아 죽지는 않았다. 위를 보니 까마득했다. "하나님, 살려주세요. 살려만 주신다면 무슨 말씀이든지 다 듣겠습니다." "무슨 말이라도 다 듣겠다고 했지?" "예! 무슨 말씀이든지 다 듣겠습니다." "그러면 나뭇가지에서 손을 놓아라. 그리하면 살리라." "예? 손을 놓으라고요? 절대 그럴 순 없습니다." "손을 놓으라니까!" "하나님, 안 돼요." 그러는 중에 날이 밝아왔다.

두려움에 쌓여 있던 그가 절벽아래를 내려다 보고 깜짝 놀랐다. 그의 발은 땅 바닥에서 겨우 1m의 높이에 있었던 것이다.

그리스도의 신자는 구원의 확신이 필요하다. 죄 사함의 확신, 구원의 확신을 가지고 살아가야 한다. 인간의 죄의 문제를 예수님께서 이미 다 담당해 주셨다. 그런데, 주님 안에서 자유함을 누리지 못하고 내가 죄의 짐을 지고서 고민하는 어리석은 인생들이 있다.

그렇다면, 기독인들이 구원의 확신을 가지고 살아가야 할 이유는 무엇인가?

1. 사람의 인생을 짧기 때문이다

성경 야고보서에서는 인생의 짧고 덧없음에 대하여 안개와 같다고 비유를 했다(약4:14). 안개는 어떠한가? 아침에 일어나 보면 대단한 것처럼 보이지만, 태양만 떠오르면 일순간에 없어지는 것이 아침 안개이다. 이처럼 덧없는 안개와 같은 것이 인생이라는 말이다. 이런 허무한 인생이 구원의 확신이 없다면, 그것은 비참한 인생이요, 소망이 없는 인생이다. 그러나 우리가 구원의 확신으로 살아간다면, 인생은 허무한 것으로 끝나지 않고 소망을 갖고 살 수 있게 된다.

다음을 읽고, 짧고 허무한 인생이 구원의 확신을 갖고 살아갈 때에 얻는 행복이 무엇인지 알아보자.

☞ 요 11:25-26을 읽으시오(p.165). ______________________________

____

2. 인생은 짧은데 비하여 영원은 길기 때문이다

인생은 짧다고 했다. 그래서 인생은 유수와 같고, 안개와 같다고 했다. 그런데, 우리가 구원의 확신을 가지고 살아가야 할 이유는 우리가 구원의 확신으로 살 때만이 짧은 인생을 초월하여 영원한 세계에서 영생복락을 누리면서 살 것이기 때문이다. 그러나 안타까운 사실은 오늘날 수많은 사람들이 육신의 삶만을 쫓아서 살아가며, 영원한 세계가 있는 것을 말해도 모르고, 알았어도 짧은 육신의 세상일에 쫓기면서 영원한 세계는 잊어버리고 살아가고 있다는 것이다.

그렇다면, 짧은 인생에서 영생을 얻는 길은 무엇인가?

☞ 요 3:16, 36을 읽으시오(p.146). ____________________

____

3. 예수님이 우리의 모든 죄를 사해 주셨기 때문이다

예수님은 친히 십자가에 달리심으로서 우리의 모든 죄를 사해 주셨고, 죄와 사망으로부터 우리를 구원해 주셨다. 그러므로 우리가 죄 사함과 구원의 확신을 갖고 살아갈 때에 신앙에 대한 감격을 가지고 살게 되며, 인생과 신앙의 행복자가 된다.

그렇다면, 우리가 예수를 믿을 때에 우리가 죄로부터 어떻게 자유함을 입게 되는가?

☞ 사 1:18을 읽으시오(p.967). ____________________

____

4. 천국과 지옥이 확실히 있기 때문이다

천국이 있으면 반드시 지옥이 있는 것이고, 지옥이 있으면 반드시 천국이 있는 것이다. 천국과 지옥은 내가 부정한다고 해서 없어지는 것이 아니다. 천국과 지옥은 분명히 실재한다. 그렇기 때문에 신자는 변치 않는 구원의 확신이 필요하다. 구원의 확신 속에 사는 사람은 영원한 천국이 내 것이 된다.

다음을 읽고, 천국에 대하여 알아보자.

☞ 계 21:1-4을 읽으시오(P.420). ____________________

____

나눔의 시간

1. 오늘의 말씀을 통해서 느낀 점을 말해보자.

2. 당신이 구원의 확신에 대하여 흔들리고 있다면, 그 원인이 무엇이라고 생각하는지 한번 말해보자.

Ⅳ

전도와 행복

제 20과

그러므로 생각하라

- 본문 / 엡 2:11-18(p.311)
- 찬송 / 257, 435

할렐루야! 전도합시다!

우리를 구해 줄 방패

브라질에서 국법을 어겨 총살형을 언도 받은 미국 시민이 있었다. 그는 과거에 영국을 위해 큰 공을 세운 적도 있기 때문에, 미국과 영국에서는 힘을 합하여 그를 살려 보려고 했으나 브라질 정부에서는 거절을 했다. 다만, 그의 최후는 볼 수 있게 배려가 되었다. 드디어 사형 집행일이 되었다. 사형장에 그를 세웠다. 집행인이 총을 들었다. 그 때, 미국 대사와 영국 대사가 그에게 다가가, 그의 몸에 미국 국기와 영국 국기를 휘감았다. "자, 쏠 테면 쏘시오. 이 국기 뒤에는 세상에서 가장 강한 육군과 해군이 있소."

우리가 세상의 살아가면서 수많은 문제에 부닥친다. 이때에 그 문제를 해결하는 방법은 무엇인가? 문제해결을 위해서 생각하는 것이 필요하다. 데카르트란 철학자는 "나는 생각한다. 그러므로 존재한다."라고 하는 유명한 말을 남겼다. 사람은 생각하는 동물이다. 사람을 만물의 영장이라고 하는 것도 사람이 생각하는 능력을 가졌기 때문이다.

오늘 본문에 보면, 가장 풍요한 로마의 물질문명을 만끽하면서 살아가면서도 생각 없는 짐승처럼 맹목적으로 세상의 죄와 육신의 쾌락을 좇아서 살아가고 있는 에베소 사람들에게 "그러므로 생각하라…"(11절)고 외치고 있다.

그렇다면, 우리 인생이 깊이 생각하여 깨달아 알아야 할 것들은 무엇인가?

1. 인간은 죄 아래 있다

신자가 은혜를 받는 길 중에 하나는 예수를 믿기 전의 자기 자신의 본래의 모습이 어떤 모습인지를 아는 것이다. 그것을 생각해 보고, 변화된 나를 생각해 보면 은혜를 받는다.

바울 사도는 오늘 본문에서 "그러므로 생각하라."고 하였다. 이것은 옛날 예수를 믿기 전의 너희들의 모습이 어떠했는지를 생각하라는 말이다.

그렇다면, 예수를 믿기 전의 인생의 모습은 어떠했는지 다음을 읽어 보도록 하자.

☞ 엡 2:11-12을 읽으시오(p.311). ______________________________

____

2. 예수께서 중보자가 되신다

하나님을 모르고 사는 인생은 가장 불쌍한 존재이지만, 예수를 믿는 사람은 자기가 지은 모든 죄의 문제를 예수님께서 갈보리 십자가에 달리셔서 피 흘리신 공로로 다 해결해 주셨기 때문에 내가 지금까지 지은 모든 더럽고 추악한 죄가 용서함을 받았으며, 이제는 예수님을 통해서 하나님과 가까이 지낼 수 있는 행복자가 되었다.

원래 인간은 죄로 말미암아 하나님과 원수가 되었다. 그렇지만, 예수님의 중보사역은 하나님과 우리를 어떻게 만들었는가?

☞ 엡 2:13을 읽으시오(p.311). ________________________________

____

3. 십자가가 해결책이다(14-18절)

예수님은 지상 사역에서 여러 가지 사역을 하셨는데, 먼저 하나님과 나와의 사이에 죄로 말미암아 막힌 담을 십자가에서 다 헐어버리시고 우리를 하나님과 화평하게 하신 분이시며(14절), 인간의 연약함으로 고통당하는 율법을 폐하셨다(15절)는 사실이다.

우리 인간에게 있어서 율법의 짐은 너무나도 무거운 짐이었다. 그 이유는 율법은 우리가 지키기에는 너무나도 무거운 짐이기 때문인 것이다. 그러나 예수님께서 이 문제를 십자가에서 해결해 주셨다. 그리고 이제는 누구나 예수님께 나아가기만 하면 누구든지 참된 평안과 쉼을 얻는다.

다음을 읽으시오.

☞ 마 11:28을 읽으시오(p.18). ________________________________

____

나눔의 시간

1. 오늘의 말씀을 통해서 느낀 점을 말해보자.

2. 당신이 예수를 믿기 전의 모습과 예수를 믿은 오늘날의 모습은 구체적으로 어떻게 다른지 말해보자.

제 21과

완성을 향해 나아가라

- 본문 / 엡 2:19-22(p.311)
- 찬송 / 338, 438

할렐루야! 전도합시다!

미리 낸 십일조

막노동을 하면서 근근이 살아가는, 그러나 믿음이 아주 좋은 집사님이 계셨다. 겨울을 앞두고 마지막 품삯으로 받은 돈 6만 원을 가지고 목사님을 찾아 왔다. 그 돈을 몽땅 십일조로 바치겠다고 했다. 겨울철에는 돈을 벌지 못하니 미리 십일조를 바치겠다고 했다. 헌금으로 6만 원을 받은 목사님은 〈미리 낸 십일조〉라는 제목으로 간절히, 복을 받게 해 달라고 기도를 해 주셨다. 이튿날, 목사님께 성실한 인부를 구해 달라는 전화가 왔다. 목사님은 당연히 그 집사님을 소개해 주셨고, 그 집사는 그 일로 꼭 60만 원을 벌었다고 한다.

그리스도인이 신앙생활을 잘하기 위해서 가장 중요한 것 중에 하나는 확신의 삶이다. 믿음의 확신은 기적을 일으킨다. 그렇다면 어떤 확신이 필요한가? 하나님에 대한 확신, 구원에 대한 확신, 기도응답에 대한 확신, 믿음의 역사에 대한 확신, 축복에 대한 확신, 신자로서의 자기 신분에 대한 확신 등이 중요하다.

그렇다면, 하나님 앞에서 신자가 어떤 신분을 소유하고 있는가?

1. 하늘나라의 시민권

어떤 사람은 예수를 믿는 사람은 하늘의 시민권자가 된다는 사실에 대하여 아무런 감동이 없을 수 있다. 그러나 우리가 하늘의 시민권자가 된다는 감동은 그리스도인에게서 가장 귀중한 것 중에 하나이다.

오늘날 많은 그리스도인들이 누구든지 예수를 믿기만 하면 너무나 쉽게 하나님의 자녀가 되고, 천국 시민권자가 된다고 하기 때문에 그 귀중성을 미쳐 깨닫지 못하고 살아가는 경향이다. 그 때문에 믿는 자로서의 모양은 있지만, 그 능력을 상실하고 있다.

그렇다면, 당신은 천국 시민권자로서의 영적인 자부심을 갖고 살아가고 있는가? 신자가 자기 신분에 대한 자부심을 갖고 산다면, 이 세상에 대하여 부러워할 이유가 없다.

다음을 읽고, 성도가 예수를 기다리는 이유를 알아보자.

☞ 빌 3:20을 읽으시오(p.321). ____________________

____

2. 하나님의 가족

본문 19절에서 '권속' 이라는 말은 가족이라는 말이다. 가족은 아버지로부터 자동적으로 일정한 권한을 받는데, 거주권, 상속권 등을 받아서 아버지와 함께 살 수 있다. 우리가 예수를 믿을 때에도 이와같이 큰 권세가 따라온다.

다음을 읽고, 하나님께서 우리에게 주신 '권세' 는 무엇인지 알아보자.

☞ 요 1:12을 읽으시오(p.142). ______________________________

____

그리스도인이 하나님의 자녀로서의 권세를 온전히 누리기 위해서 오늘날 어떤 신앙자세를 가져야 할까? 그리고 여기서 느끼는바는 무엇인지 당신과 관련하여 말해보자.

☞ 롬 8:17을 읽으시오(p.250). ______________________________

____

3. 지어져 가는 성전

본문에서 신자를 지어져 가는 성전이라고 했다. 이는 신자란 예수를 믿는 그 순간에 모든 것이 완성되는 것이 아니라, 날마다 거룩한 성전을 향해서 지어져 가는 존재라는 것을 의미한다. 그리스도인은 주님 오시는 그날까지 신앙과 인격의 완성을 향하여 공사를 계속해 나아가야 할 미완성의 존재들이며, 주님 안에서 완성될 수 있는 존재들이다.

이 세상에 100% 완벽한 사람은 아무도 없다. 우리 모두는 불완전하고 부족하기 때문에 죄를 수없이 반복하여 짓는 죄인들이다. 사람들은 서로가 불신하고, 원망과 미움과 시기, 질투하며 살아왔다. 이러한 모든 문제를 해결하기 위해서 우리는 예수의 중보가 필요하며, 성령의 인도하심이 필요하다.

다음을 읽으시오.

☞ 엡 2:21-22을 읽으시오(p.312). ______________________

____

나눔의 시간

1. 오늘의 말씀을 통해서 느낀 점을 말해보자.

2. 우리가 서로 화목하게 되는 비결에는 어떤 것들이 있을까?

제 22과

그리스도의 비밀을 알라

- 본문 / 엡 3:1-6(p.311)
- 찬송 / 428, 436

할렐루야! 전도합시다!

제 4계명을 지키지 않아서

하나님을 잘 믿는 주인과 기독교 신앙을 가진 일꾼이 있었다. 그런데 주인이 무슨 이유에서인지 그 일꾼을 해고시켰다. 그러자 일꾼이 항의를 했다.

"주인님, 제가 무슨 잘못을 했습니까?"

"자네는 제 4계명을 지키지 않았어!"

"무슨 말씀입니까? 한 주일도 빠지지 않고 교회에 갔습니다."

"자넨 그 뒷 말씀은 모르나? '엿새 동안은 힘써 네 모든 일을 행하라.'

는 말씀 말일세. 아무리 주일 날 예배를 잘 드려도 엿새 동안 힘써 일하지 않으면 계명을 반쪽밖에 지키지 못한 사람이야."

오늘 본문에 나오는 '계시' 란 말은 헬라어의 '아포칼립시스' 라는 말로서 그동안 감추어졌던 것을 드러내 보여주는 것을 의미한다. 바울은 하나님께서 그동안 구약시대에 수천 년간 감추어져 있었던 그리스도의 비밀에 대하여 계시를 통해서 자기에게 알게 했다고 했다. 바울이 깨달은 그리스도의 비밀은 이방인들도 유대인들처럼 복음으로 말미암아 그리스도 안에서 함께 후사가 되고, 지체가 되며, 약속에 참예하게 되는 것이다(6절).

그렇다면, 바울이 전파한 그리스도의 비밀에 대하여 알아보고, 우리들도 그 축복에 참여하는 자가 되자.

1. 함께 후사가 된다

'후사' 란 말은 '상속자' 란 말과 같다. 원래 법적으로 상속은 적자와 양자된 자만이 받을 수 있다. 그러나 이방인인 우리들은 적자가 아니기 때문에 하늘의 상속자가 될 수 없는 존재였다. 그렇지만, 양자로 들어온 자도 상속을 받을 수가 있다는 성경의 법 때문에 이방인이라고 할지라도 누구든지 예수를 믿기만 하면 함께 하늘의 상속자가 된다.

다음을 읽고, 믿는 사람의 축복을 알아보자.

☞ 갈 3:29을 읽으시오(p.306). ______________________________

____

☞ 갈 4:6-7을 읽으시오(p.306). ______________________________

____

2. 함께 지체가 된다

여기서 지체가 된다는 말은 이방인들도 누구든지 예수를 믿기만 하면 교회의 머리가 되신 그리스도의 지체가 되어 그 안에서 그분의 모든 능력과 생명을 공급받게 된다는 것을 의미한다. 지체의 개념은 요한복음 15장의 포도나무와 가지의 비유에서 보다 명확하게 알 수 있다. 포도나무의 가지가 살아 생명을 공급받고, 영양을 공급받기 위해서는 어떤 일이 있더라도 포도나무에 붙어 있어야만 한다. 만약에 어떤 이유라 할지라도 가지가 나무에서 떨어져 나가면 죽을 수밖에 없음은 자명한 사실이다. 가지는 포도나무를 중심으로 해서 항상 하나가 되어 붙어 있어야 아름다운 꽃을 피우고, 아름다운 열매를 맺을 수 있다.

다음을 읽고, 예수를 떠난 사람의 불행이 무엇인지 알아보자.

☞ 요 15:5을 읽으시오(p.173). ______________________________

____

3. 함께 약속에 참여한다

'후사' 라는 말이 미래적인 감각을 강조하는 단어라고 한다면, '약속' 이라는 말은 보다 현재적인 의미가 강한 단어이다. 본문에서 보여주는 약속이라는 말은 하나님께서 아브라함에게 하신 구원과 축복의 약속을 의미한다.

그렇다면, 아브라함에게 한 약속은 무엇인가?

☞ 창 12:1-2을 읽으시오(p.14). ______________________________

____

과거에 이방인들은 이런 하나님께서 주신 약속의 언약에 대하여서는 제외된 자들이었다(엡 2:12-13). 그렇다면, 오늘날 예수를 믿는 자들에게 주어진 축복은 무엇인지 알아보자.

☞ 갈 3:22, 29을 읽으시오(p.305). ______________________

____

나눔의 시간

1. 오늘의 말씀을 통해서 느낀 점을 말해보자.

2. 당신이 예수를 믿고 난 후에 받은 영적인 축복은 무엇인가?

제 23과

행복한 일꾼이 되라

- 본문 / 엡 3:7-13(p.312)
- 찬송 / 450, 407

할렐루야! 전도합시다!

평생 행복하게 사는 법

철학자인「셰이드 이 벅」이란 사람은 이렇게 말했다. "당신이 행복해 지기를 원하면, 당신이 할 수 있는 일자리를 찾아서 그것을 붙잡으라. 당신의 일을 찾아서 그것을 행하라. 그리고 당신의 모든 정열을 다 그곳에 쏟아라."

속담에 이런 말이 있다. "하루가 즐거우려면 이발을 하라. 한 주간을 기쁘게 보내려면 자동차를 사라. 한 달을 기쁘게 살려면 결혼을 하고, 한 해를 즐겁게 살려면 새 집을 사라."

그런데, 우리가 평생을 즐겁고 기쁘게 살려면 어떻게 해야 할까? 그것은 주 예수를 믿는 일이요, 삶 속에서 그 믿음을 실천하는 것이다.

본문에 나오는 바울은 지금 로마의 감옥에 갇혀 있는 형편이다. 그런데도 바울은 원망이나 절망하기보다는 기쁨, 보람, 감사, 행복이 넘쳐나고 있는 것을 발견하게 된다. 오늘날 신자가 바울의 이러한 모습을 배워야 한다.

그렇다면, 어떻게 할 것인가?

1. 복음을 전하는 일꾼이 되라(8절)

「버나드 쇼」라는 사람은 말하기를 "행복이란 내가 추구한다고 해서 얻어지는 것이 아니다. 행복은 오히려 내가 자신을 남에게 주느라고 여념이 없을 때 슬쩍 찾아온다."고 했다.

그렇다면, 우리 믿음의 사람들이 세상의 사람들에게 줄 수 있는 최상 최고의 것은 무엇일까? 그것은 물질도 아니며, 지식도 아니고, 하나님의 사랑의 복음이라고 할 수 있다. 유대인들은 이 놀라운 사랑을 자기들끼리만 간직하고 있었으나, 바울 사도는 이방인들에게 그 사랑을 전하는 것을 인생 최고의 행복으로 여겼다.

다음을 읽고, 이방인에 대한 복음 전파의 행복을 말해보자.

☞ 엡 3:8을 읽으시오(p.312). ______________________________

____

2. 드러내는 일꾼이 되라(9절)

우리가 무엇을 드러내어야 할까? 9절에서 바울 사도는 "영원부터 만물을 창조하신 하나님 속에 감취었던 비밀의 경륜이 어떠한 것을 드러내게 하려 하심이라."고 했다. 여기서 '경륜'이란 말은 원어에서 '계획'이라는 말이다. 그렇다면, 그것은 어떤 계획인가? 그것은 그리스도를 통해서 유대인만이 아니라, 이방인들까지도 하나님의 구원의 은총을 베푸시고자 하는 비밀한 계획을 말한다. 그 계획은 영원부터 만물을 창조하신 하나님께서 자신의 속에 감춰었던 비밀한 계획이었다. 그런데, 바울은 이제 이 비밀한 계획이 드러나서 사람들에게 알려졌다고 했고, 자기는 바로 그 하나님의 비밀한 계획을 드러내어 알리는 역할을 하는 자라고 했다.

그렇다면, 우리가 예수만을 믿어야 할 이유는 무엇인가?

☞ 행 4:12을 읽으시오(p.192). ______________________________

____

3. 알게 하는 일꾼이 되라(10-13절)

신자가 불신자들에게 무엇을 알게 하는 일꾼이 되어야 할까? 과거 구약 시대에는 누구를 막론하고 하나님께 함부로 가까이 나가지 못했다. 이것은 성막에서도 알 수 있는데, 지성소를 함부로 들어가거나, 아니면, 성막의 문으로 들어가지 않고 울타리를 넘어서 함부로 들어가는 자는 누구든지 죽음을 면치 못했다. 그래서 구약에는 하나님을 두려운 존재로만 생각해 온 것이 사실이다.

그런데, 예수께서 2천 년 전에 이 세상에 구원자로 오심으로써 오늘날에는 예수를 믿기만 하면 누구든지 하나님께 담대히 나아갈 수 있게 되었다. 이것이 얼마나 기쁜 소식인가? 그러므로 먼저 믿는 믿음의 사람들은 이 사실을 다른 사람들에게 알게 하는 일꾼이 되어야 한다. 이렇게 할 때에 신앙에 감사, 기쁨, 행복, 보람이 찾아온다.

다음을 읽고, 우리가 하나님께 당당히 나아갈 이유를 알아보자.

☞ 히 4:16을 읽으시오(P.356). ________________________

____

나눔의 시간

1. 오늘의 말씀을 통해서 느낀 점을 말해보자.

2. 예수 믿는 행복에 대한 간증을 해보자.

제 24과

이것을 소유하라

- 본문 / 엡 3:14-19(p.312)
- 찬송 / 254, 95

할렐루야! 전도합시다!

북미가 남미보다 발전한 이유

'로저 봅' 이라는 미국 기자와 남미의 아르헨티나 대통령과의 인터뷰가 있었다. 그때 아르헨티나 대통령은 불만스러운 듯 이런 질문을 했다고 한다. "남미가 북미보다 물 사정도 더 좋고 지하자원도 더 많으며, 또 먼저 개척 되었음에도 불구하고 북미가 남미보다 더 발전한 이유가 뭐라고 생각합니까?"

"남미는 스페인 사람들이 황금을 찾기 위한 목적으로 왔으나, 북미는 청교도들이 신앙의 자유를 찾아 왔기 때문이죠."

바울은 복음전파에 대한 교회의 사명에 대하여 강하게 역설한 다음, 그의 기도를 통해서 성도들이 하나님의 은혜로서 더욱 강건해지고, 믿음과 사랑으로 세워져야 함을 강조한다.

바울 사도는 원수 마귀의 방해를 물리치고 승리하면서 살아가는 세 가지 비결을 제시하였다.

1. 경건한 능력을 소유하라(16절)

사람이 험한 세상을 살아가다 보면, 소용돌이치는 물굽이처럼 이런저런 일이 생기고, 앞길을 가로막은 여러 장벽이 나타날 때가 있다. 그때에 그것만을 바라보게 되면 도저히 더 이상 앞으로 나아갈 수 없을 것처럼 느껴지기도 한다.

바울은 16절에서 속사람을 능력으로 강건케 하여 달라고 기도하였다. 우리의 속사람이 능력으로 강건하게 되면, 우리는 이 세상의 어떤 험한 길도 능히 극복하면서 살아갈 수 있다.

그렇다면, 성도의 능력이 주님께로부터 나온다면 어떻게 살아야 할까?

☞ 대상 16:11을 읽으시오(p.635). ______________________________

____

☞ 대상 29:12을 읽으시오(p.654). ______________________________

____

2. 믿음을 소유하라(17절)

믿음이란 무엇인가? 믿음이란 입술로만 "믿습니다!" 라고 한다고 해서 해결되는 것이 아니다. 우리의 입술로 "믿습니다!" 라고 하는 것 이상의 무엇이 있어야 참된 믿음이라고 할 수 있다.

바울은 17절에서 그리스도께서 우리의 마음에 함께 계시도록 하는 것이 바로 믿음이라고 했다. 다시 말하면, 예수 그리스도를 마음에 생명의 구세주로 받아들이고 그분의 인도하심을 따라서 살아가는 것이 믿음이라는 것이다.

어떤 사람은 예수가 2천 년 전에 죽었다가 살아난 것을 보지 않았으니, 자기는 믿을 수 없다고 한다. 그러나 참된 믿음이란 보고 체험한 다음에 믿는 것이 아니라, 보지 않고도 믿는 것이다. 우리가 모든 진리를 알고 난 후에 믿음을 가질 수는 없다. 오히려 진리는 믿고 난 다음에 더 잘 깨달아진다. 성경은 이런 믿음을 복된 믿음이라고 하였다.

다음을 읽으시오.

☞ 요 20:29을 읽으시오(p.183). ____________________

____

3. 그리스도의 사랑을 소유하라(17절)

본문 17절에서 바울은 믿음이란 사랑 가운데서 뿌리가 내려야 한다고 강조하였다. 어찌하여 이런 것이 중요한가? 그것은 사랑에 뿌리를 내리지 못한 믿음은 불완전하기 때문이다. 이런 의미에서 사랑은 율법의 완성(롬 13:10)이며, 가장 큰 은사이다(고전 12:31).

초대교회가 로마와 유대교의 엄청난 박해와 비난 속에서도 날마다 부흥하고 충만한 삶을 살아갈 수 있었던 것은 주님을 사랑하는 마음이 뜨거웠기 때문이다. 신자가 주님을 사랑하는 마음을 소유하고 살아가기만 한다면, 일생을 두고 주님을 소망하면서 살아갈 수가 있다.

다음을 읽고, 사랑의 중요성을 확인해 보자.

☞ 고전 13:13을 읽으시오(p.279). ______________________________

____

나눔의 시간

1. 오늘의 말씀을 통해서 느낀 점을 말해보자.

2. 신자의 삶에서 믿음생활은 물질 이상인 이유를 말해보자.

제 25과

넘치는 은혜를 알라

- 본문 / 엡 3:20-21(p.314)
- 찬송 / 305, 200

할렐루야! 전도합시다!

암을 치료하는 약 – 감사

어느 교회의 사모님이 위암 진단을 받았다. 위뿐만 아니라 식도와 장(腸)까지 퍼져 수술도 불가능하다는 것이다. 고통스러웠던 개척교회의 시절을 생각하면 정말이지 하나님이 원망스러웠다. 그래서 죽을 때까지 입을 다물기로 했다. 감리교신학대학교의 고(故) 윤성범 학장의 권고로 노트를 한 권 사서 감사한 일들만 적어 보았다. 그렇게 감사한 일들을 날마다 적어 가는 동안 그 사모님은 암으로 죽었어야 할 날이 훨씬 지나갔음에도 오히려 더 건강해졌다고 한다. 감사와 기쁨의 활력소가 암 세포를 죽이고 새 삶을 가져 온 것이다. 암을 치료하는 최고의 약은 기쁨과 감사 즉 넘치는 하나님의 은혜를 기억하는 것이다.

바울은 본문에서 우리가 믿는 하나님은 우리가 생각하는 것 이상으로 넘치도록 은혜를 베푸시는 분이시라고 했다. 하지만, 넘치는 은혜와 사랑을 받았음에도 불구하고, 받은 은혜와 사랑을 이웃에게 나눠주기에 게으르고 나태하거나 무관심한 경우를 많이 보게 된다. 신자가 자신이 받은 은혜를 나눠줄 때 내가 받은 은혜, 사랑, 축복이 더욱 생기가 있고 풍성하게 된다는 진리를 기억하자.

그렇다면, 우리가 믿는 하나님은 무엇에 넘치시는 분인지 알아보자.

1. 역사하심이 넘치신다

하나님의 역사는 언제 나타나는가? 말씀을 듣고, "아멘!" 하고 그대로 살 때에 그 말씀이 믿는 자 속에서 역사하여 하나님의 역사가 나타난다. 그러나 아무리 "아멘!" 하였어도 말씀을 그대로 실행하지 않으면 하나님의 역사는 일어나지 않는다. 어떤 사람은 말하기를 "하나님의 약속을 받은 것과 그 받은 약속의 축복에 참여하는 것은 다르다."라고 했다. 당신이 하나님의 역사를 체험하기를 원하면, 말씀대로 살도록 하라.

다음을 읽고, 하나님의 역사가 언제 나타나는지 알아보자.

☞ 살전 2:13을 읽으시오(p.329). ______________________________

____

☞ 약 5:16을 읽으시오(p.377). ______________________________

____

2. 기도응답에 넘치신다

기도는 무엇인가? 기도는 응답의 통로이다. 기도는 만사를 해결하는 능력이다. 기도는 우리의 삶의 위기를 축복으로 역전시키는 능력이다. 그러므로 신앙생활에서 기도가 중요하다. 기도만 죽지 않았으면, 어떤 일을 당해도 문제없다. 우리가 기도할 때에 하나님은 우리의 기도에 풍성한 응답으로 채워주시기 때문이며, 하나님의 창고에는 부족함이 없기 때문이고, 그래서 우리가 기도하면 넘치도록 충만하게 채워주시는 분이기 때문이다.

성경은 우리들에게 무수히 많은 기도에 대한 교훈을 주셨다.

다음을 읽어보고, 기도의 교훈을 발견해 보자.

☞ 요 16:24을 읽으시오(p.176). ______________________________

____

3. 우리 생각보다 넘치게 채우신다

우리는 하나님을 무소부재하신 하나님, 전능하신 하나님, 능치 못하심이 없으신 하나님이시라고 고백을 하면서도 실제의 삶 속에서는 하나님을 나의 생각의 틀 속에 고정시킬 때가 많고, 내 생각과 판단으로 하나님을 제한하려는 위험에 빠지기를 잘한다.

신앙에 승리하려면, 전능하신 하나님 앞에서 항상 겸손해져야 한다. 나의 좁은 경험, 생각의 사고방식과 판단에서 벗어나서 초월자이신 주님의 섭리와 역사를 인정하려는 자세로 사는 것이 중요하다. 믿는 자는 믿지 않는 자들과 뭔가 달리 생각하면서 살아야 하는 것이다.

그렇다면, 신자가 어떻게 생각을 하면서 살아야 할까?

☞ 빌 3:15을 읽으시오(p.321). ______________________________

____

나눔의 시간

1. 오늘의 말씀을 통해서 느낀 점을 말해보자.

2. 우리가 자신의 생각과 환경에 붙들리면 안될 이유를 자신의 경험을 통해서 말해보자.

제 26과

부르심에 합당하게 살라

- 본문 / 엡 4:1-6(p.313)
- 찬송 / 191, 435

할렐루야! 전도합시다!

한 손으로도 야구를 할 수 있을까?

한 손으로도 야구를 할 수 있을까? 짐 아보트(Jim Abbott)는 태어날 때부터 오른손이 없는 기형아였다. 많은 사람들이 그는 운동은 할 수 없는 처지라고 불쌍하게 여겼다. 하지만, 그는 그런 주변의 시선에 아랑곳하지 않았으며, 자기가 좋아하는 야구의 투수가 되기 위해서 맹렬하게 연습에 연습을 하였다. 그 결과 그는 미국의 L.A. 엔젤스 팀의 주전 투수로 선발되어 맹활약을 한 승리의 사람이었다. 그는 한 때 풋볼 선수로도 활약을 했으며, 서울 올림픽 때는 야구 선수로서 일본을 물리치고 금메달을 딴 주역이 되었다. 자신의 처지와 환경이 어떠하든지 간에 자기의 재능을 알고, 최선을 다하는 사람이 승리의 주인공이 된다.

에베소 지역은 당시 타 지역에 비하여 비교할 수 없는 번영과 부요한 삶을 누리고 살고 있었다. 그렇지만, 그들은 그들이 누리고 있는 부요와 축복에 비해서 너무나도 어울리지 않는 신앙생활을 하고 있었다. 그래서 본문 1절에서 바울은 에베소 교회를 향하여 하나님께서 부르신 부름에 합당하게 살라고 했다.

그렇다면, 어떻게 살아야 할 것인가?

1. 겸손한 삶을 살라(2절)

예수님이 오시기 전까지 겸손이란 말은 고대 헬라 사회에서 남 앞에서 굽실거리며, 노예같이 비굴하게 자기의 위치를 낮추어서 사는 것을 말하는 용어였다. 그래서 저 사람은 겸손한 사람이라는 말이 그렇게 좋은 말이 아니었다. 그러나 예수님의 낮아지시는 모범과 그의 가르치심으로 이 겸손이란 용어는 그리스도인들에게 있어서 자신의 부족과 무가치함을 깨닫고 자기를 주님 앞에서 작고 낮게 여기는 마음자세로 불리게 되었다. 오늘날 겸손은 기독교에서 가장 아름답게 장려할만한 미덕이다.

☞ 벧전 5:5을 읽으시오(p.382). ______________________

____

2. 온유한 삶을 살라(2절)

온유란 원래 길들여지지 않은 야생 동물을 길들여서 주인의 명령에 잘 복종하고 순종하게 하는 것을 말하는 것이며, 길들인 동물처럼 주님의 명령에 잘 복종하고 순종하는 그런 그리스도인의 덕성을 말한다. 이것은 더 나아가서 좌로나 우로 치우치지 않는 신앙인격이며, 어떤 환경과 역경과 주변의 미혹 속에서도 오직 주님만을 바라보고 나아가는 그런 성품이기도 하다.

다음을 읽고, 온유한 자의 삶을 알아보자.

☞ 마 5:5을 읽으시오(p.5). ________________________________

____

3. 오래 참음으로 살라(2절)

오래 참음은 인내의 덕을 말하는 것으로서 최후의 승리를 위해서 온갖 고통을 감수하면서도 뒤로 물러서지 않는 성품을 말한다. 포기할 수밖에 없는 그런 어려운 상황에서도 포기하지 않고 믿음으로 인내하는 사람의 인생은 승리할 수밖에 없다.

다음을 읽어보고, 주님의 인내의 모습을 알아보자.

☞ 벧후 3:9을 읽으시오(p.386). ____________________________

____

4. 사랑 가운데서 용납하라(2절)

이 말은 오래 참음이 확대된 미덕으로서 남의 약점과 결점을 발견하고서도 용서하여 받아 주는 삶을 말한다. 여기서 사랑 가운데서 용납하라는 것은 타인을 용납할 수 있는 유일한 수단은 사랑뿐이기 때문이다.

그렇다면, 우리가 다른 사람을 어떻게 용납할까?

☞마 18:21-22을 읽으시오(p.30). ___________________________

____

5. 하나 되는 삶을 살라(3절)

교회는 하나 되는 삶을 살아야 한다. 서로 갈라진 마음, 갈라진 영혼, 섭섭한 마음 등을 하나로 묶는 것은 성령 안에서 주시는 평안의 끈이다. 그리스도인은 하나 되는 삶을 힘써 살아야 한다.

그렇다면, 우리가 하나 되어야 할 이유는 무엇인가?

☞ 엡 4:4-6을 읽으시오(p.313). ______________________________

____

나눔의 시간

1. 오늘의 말씀을 통해서 느낀 점을 말해보자.

2. 당신이 인내하지 못하여 문제된 경험을 말해보자.

V
신앙과 목표

제 27과

자신의 은사를 알라

- 본문 / 엡 4:7-12(p.313)
- 찬송 / 450, 354

할렐루야! 전도합시다!

세계에서 가장 큰 루비

막노동으로 근근히 살아가는 「존 미호크」라는 사람이 붉은 색깔의 돌을 하나 들고 보석상을 찾았다. "이 돌을 잘 다듬어서 윤을 내어 주십시오." 그 돌을 자세히 보던 보석상 주인이 깜짝 놀랐다. 지금까지 그렇게 큰 루비는 본 적이 없었기 때문이었다. "이것을 어디서 구했습니까?" "부친께서 약 50년 전에 헝가리에서 주운 돌입니다. 버리기에는 너무 아까워서 가져왔습니다. 잘 좀 다듬어서 광을 내어 주십시오." "선생님, 이 돌은 루비라고 하는데, 수십만 달러의 값어치가 있는 보석입니다." 그 돌은 잘 다듬어 놓았을 때에 23.9캐럿짜리로 세계에서 제일 큰 루비로 탄생되었다.

하나님은 우리에게 루비나 다이아몬드보다 더 귀한 은사와 재능을 주셨다. 우리가 받은 은사는 각 사람에 따라서 조금씩 다르다. 그 모양이나 재능에 서로 다른 차이가 있는 것이 사실이다. 그렇지만, 분명한 것은 주님께서 내게 주신 은사를 발견하고 그것을 잘 다듬어서 주님께 축복받고, 쓰임 받는 귀한 그릇이 되어야 한다는 것이다.

1. 하나님은 다양한 은사를 주셨다

본문 7절에서 우리는 하나님께서 우리 각 사람들에게 다양한 은사를 주셨음을 알 수 있다. 주님께서 우리 각 사람에게 이와 같이 하신 이유는 그리스도의 교회는 예수님을 머리로 하여 한 지체가 되고 그 각각의 지체가 다양하게 자기의 기능을 발휘하게 될 때에 영적으로 풍성한 교회 공동체가 되기 때문이다.

교회는 재능 있는 한두 사람에 의해서 움직여지는 공동체가 아니라, 구성원 모든 사람들이 각각의 재능과 은사를 가지고, 내게 주신 은혜의 선물의 분량을 따라서 주님의 교회를 섬겨 가는 공동체이다.

그렇다면, 주님 안에서 한 공동체인 신자가 서로가 어떻게 해야 할까?

☞ 고전 12:20-27을 읽으시오(p.278). ______________________________

____

2. 내게 주신 은사가 무엇인지 발견하라

이 세상에 태어난 물건은 아무리 하찮은 것이라도 사용도가 각각 다양하며, 아무런 목적 없이 만들어진 물건은 하나도 없다. 그런데, 하나님의 형상을 입고 태어난 인간은 말할 것도 없다. 인간은 하나님의 영광을 위해서 지음받은 존재이다. 그러므로 잘 다듬어서 주님의 영광이 드러나도록 해야 한다.

다음을 읽고, 성령께서 우리에게 은사를 주신 이유를 알아보자.

☞ 고전 12:7을 읽으시오(p.273). ________________________________

____

3. 받은 은사로 교회를 위해 사용하라(11절)

본문 11절은 하나님께서 다양한 은사를 가진 사람을 교회 내에 세우신 목적을 가르쳐 준다. 이것을 표준 새 번역 성경에서는 "그분이 어떤 사람은 사도로, 어떤 사람은 예언자로, 어떤 사람은 복음 전도자로, 또 어떤 사람은 목회자와 교사로 삼으셨습니다. 그것은 성도를 준비시켜, 봉사의 일을 하게 하고, 그리스도의 몸을 세우게 하시려는 것입니다."라고 번역했다.

그렇다면, 교회를 중심한 삶을 살아야 하는 이유는 무엇인가?

☞ 엡 1:23을 읽으시오(p.310). ________________________________

____

4. 주님의 능력에 사로 잡혀 일하라

아무리 재능이 많고, 재주가 뛰어난 사람이라고 할지라도 자신의 능력과 힘만 의지하여 주님을 섬기려고 한다면, 금방 지치고 피곤해지고 만다. 그렇기 때문에 주님께 대한 우리의 봉사는 주님의 능력에 사로잡혀서 해야 한다. 신자가 주님의 능력 안에 있을 때에는 그의 생애에 있어서 어떤 고난, 핍박, 어려움이 있어도 주님께 대한 봉사와 헌신의 삶에 감사와 감격이 생기고 힘이 솟는다.

다음을 읽어보고, 주님의 말씀에 귀를 기울여 보자.

☞ 눅 24:29을 읽으시오(p.140). ______________________________

____

나눔의 시간

1. 오늘의 말씀을 통해서 느낀 점을 말해보자.

2. 주님을 위해서 무엇을 할 수 있을지 한 가지씩 말해보자.

제 28과

주님의 교회를 세우라

- 본문 / 엡 4:11-12(p.313)
- 찬송 / 450, 428

할렐루야! 전도합시다!

천국에도 가지고 갈 수 있는 집사

뒤늦게 예수를 믿었지만 교회에 충성을 다하는 할머니가 있었다. 어느 날 목사가 할머니께 물었다.

"할머니의 소원은 무엇입니까?"

"교회의 집사가 되는 것입니다."

"집사가 되는 것이 소원이라구요. 왜죠?"

"나중에 하나님께서 '넌 세상에서 뭐하다가 왔느냐?' 고 물어 보시면, '집사요' 하고 대답하려고요. 교회의 직분은 천국까지 가지고 갈 수 있는 직분인데 얼마나 좋습니까?"

교회는 하나님께서 세상을 구원하려고 하시는 영적인 교두보이다. 하나님은 역사 속에서 교회를 통해서 일하셨고, 지금도 교회를 통해서 일하시고 계신다. 그러므로 부흥하는 교회, 성장하는 아름다운 교회를 만들려면, 성도들이 주님의 교회가 어떤 곳인지를 분명히 알고, 주님께서 내게 주신 직분을 귀하게 여기고, 교회를 중심으로 맡은바 직분에 죽도록 충성, 봉사, 헌신해야 한다.

그렇다면, 교회의 직분에 대하여 알아보자.

1. 주님이 주신 직분에는 무엇이 있는가?

본문 11절에서 바울은 주님이 주신 직분에 대한 성경적인 기원에 대하여 "그가 혹은 사도로, 혹은 선지자로, 혹은 복음 전하는 자로, 혹은 목사와 교사로 주셨으니"라고 하였다.

우리가 주님 앞에서 바른 신앙생활을 하려면, 교회의 직분은 대접받는 직분이 아니라, 직분이 올라갈수록 더욱더 주님의 교회와 다른 성도들을 섬기는 직분이라는 사실을 스스로 인식해야 하며, 이를 위해서 내가 더욱 겸손하게 낮아지는 삶을 살아야 한다.

다음을 읽고, 교회의 직분자들이 어떻게 해야 할지 알아보자.

☞ 막 10:43-45을 읽으시오(p.72). ______________________________

____

2. 주님께서 직분을 주신 이유는 무엇인가?

본문 12절을 표준 새 번역 성경에 보면 주님께서 교회의 직분을 세우신 이유를 알기 쉽게 "그것은 성도들을 준비시켜, 봉사의 일을 하게 하고, 그리스도의 몸을 세우게 하시려는 것입니다."라고 번역했다. 공동 번역 성경에는 "그것은 성도들을 준비시켜서 봉사활동을 하게 하여 그리스도의 몸을 자라게 하시려는 것입니다."라고 되어 있다.

그렇다면, 아름답게 부흥하는 교회가 되게 하기 위해서 우리는 어떻게 해야 할까? 다음을 읽고, '죽도록 충성하라' 는 말의 의미를 자신의 말로 말해보자.

☞ 계 2:10을 읽으시오(p.400). ______________________________

____

3. 직분을 잘 감당했을 때에 주시는 축복은 무엇인가?

주님께서 우리에게 주신 직분을 잘 감당하는 것이 중요한 이유는 직분은 축복의 그릇이라는 점이다. 주님께서 내게 주신 직분이 어떤 것이든지 간에 내가 직분을 묵묵히 잘 감당할 때에 그것을 통해서 하나님께서도 영광을 받으시지만, 무엇보다 중요한 것은 하나님께서 그런 내 모습을 보시고 축복을 주신다는 사실이다. 하나님이 내게 직분을 주신 것은 그것을 잘 감당하여 축복을 받으라고 하시는 메시지다. 그러므로 당신이 받은 직분이 무엇이든지 간에 기쁘고 평안의 때에만 직분감당을 잘하는 자가 되지 말고, 어렵고 힘들며, 때때로 벗어버리고 싶을 때에도 잘 감당하는 자가 되도록 하라.

그렇다면, 내게 주신 직분을 잘 감당하는 자에게는 어떤 축복을 주시는가?

☞ 딤전 3:13을 읽으시오(p.339). ____________________________

____

나눔의 시간

1. 오늘의 말씀을 통해서 느낀 점을 말해보자.

2. 당신은 앞으로 어떤 마음으로 직분을 감당할 것인지 결심을 말해보자.

제 29과

신앙의 목표를 세우라

- 본문 / 엡 4:13-16(p.314)
- 찬송 / 315, 191

할렐루야! 전도합시다!

신앙의 나침판

미국은 한국의 약 40배나 되는 큰 나라이다. 사람들은 종종 휴가를 내어서 동부에서 서부로 자동차 여행을 하며 대륙횡단의 여행을 즐긴다. 대륙횡단 여행 때에 지도와 나침판은 필수품이다. 미국이라는 나라가 워낙 땅이 크다 보니, 낯선 곳을 여행하다 보면 동서남북의 방향감각을 상실하기 쉽다. 이때 필요한 것이 나침판이다. 나침판의 바늘은 항상 고정된 북극점을 향하여 가리키기 때문이다.

신자가 신앙 나침판을 갖고 있지 않다면 그 신앙생활은 종종 위기를 만날 수밖에 없다. 신자의 나침판의 바늘은 항상 주님을 향하고 있어야 한다. 만약 주님을 향하고 있지 않으면 마귀의 방해를 받게 될 것이다.

『팡세』라는 사람은 "목적은 반드시 달성되기 위해서 세워지는 것이 아니고, 표준점의 구실을 하기 위해서 세워지는 것이다."라고 했는데 좋은 말이다.

본문은 "신앙의 목표는 교회의 머리가 되신 예수 그리스도에게 세워져야 한다."라고 했다. 신자가 예수에게 그 인생의 목표를 고정시키고 살아간다면 행복자가 될 수 있다.

그렇다면, 우리가 예수님에게 목표를 정하고 자라가기 위해서는 어떻게 하면 좋을 것인가? 자녀의 성장과정을 통해서 그 비결을 발견해 보자.

1. 부모님의 따뜻한 도움이 필요하다

나무가 자라기 위해서는 따뜻한 햇빛이 필요하듯이, 우리 인간이 자라기 위해서는 부모님의 따뜻한 도움의 손길이 필요하다. 그렇다면, 신자는 신앙생활을 하면서 나의 영적인 부모가 누구인지를 아는 것이 필요하다. 신자의 영적인 아버지는 하나님이시지만, 영적인 어머니는 교회임을 기억하자. 하나님은 우리의 영적인 부모이시기 때문에 우리가 어려울 때마다 돌보시기를 기뻐하신다.

다음을 읽고, 예루살렘과 교회의 관계를 연결해서 생각해 보자.

☞ 갈 4:26을 읽으시오(p.307). ______________________________

____

2. 적절한 영양분을 공급받아야 한다

어린아이가 자라기 위해서는 적절한 영양분을 공급받아야 하는데, 특별히 어머니의 모유처럼 좋은 영양분은 없다. 마찬가지로 신자의 신앙이 아름답게 자라나기 위해서는 영적인 영양소의 바른 공급을 꾸준히 받아야 한다.

그렇다면, 신자의 영적인 영양소는 무엇인가?

☞ 딤후 3:15-17을 읽으시오(p.345). ______________________

____

3. 지속적인 호흡이 있어야 한다

식물이 자라는 데는 탄소동화작용이 필요하며, 식물은 날마다 햇볕을 사모하여 잎을 넓게 벌리고 탄소동화작용을 통해서 호흡을 지속한다. 잘 자라는 식물은 호흡이 잘 되는 것이다.

사람도 건강을 위해서는 좋은 공기의 호흡을 지속할 필요가 있다. 그래서 요즘에는 자연 그대로의 공기를 호흡하기 위해서 사람들이 노력을 한다.

신자의 신앙이 예수님처럼 자라나기 위해서는 영혼의 호흡이 중요하다. 신자의 영혼의 호흡은 기도이다. 기도는 내 영혼의 호흡이기 때문에 우리는 항상 기도생활에 큰 관심을 가져야 한다.

다음을 읽어보고, 초대교회 성도들의 신앙을 살펴보자.

☞ 행 1:14-15을 읽으시오(p.187). ______________________

____

4. 지속적으로 운동을 하라

사람이 건강하려면 지속으로 운동을 하는 것이 필요하다. 그래서 요즘에는 아이들이고 어른이고 할 것 없이 운동에 많은 관심을 기울인다.

그렇다면, 우리의 신앙적인 운동은 무엇인가? 그것은 주님의 몸된 성전에서 열심히 몸 바쳐 봉사, 헌신, 충성하는 것이다. 내 신앙은 내 몸을 드려서 헌신할 때에 성장하게 된다. 『힐티』라는 사람은 말하기를 "사람이 가장 행복한 때는 열심히 일할 때이다."라고 했다.

다음을 읽으시오.

☞ 고전 4:2을 읽으시오(p.267). ______________________________

____

5. 성장에는 지속적인 교육이 필요하다

어린 아이들이 성장을 위해서 겪는 가장 큰 관문은 교육을 받는 일이다. 정상적인 교육은 정상적인 사회생활을 할 수 있게 만든다.

오늘날 우리가 영적인 사람으로 자라나서 그리스도인의 역할을 수행할 수 있게 되려면 최소한 수년을 필요로 한다. 예수님은 3년간을 동거동락 하면서 제자들을 양육했다.

사람이 죄 용서함을 받고, 천국에 가는 것은 누구나 예수를 믿기만 하면 갈 수 있지만, 영적으로 건강하고 성숙한 그리스도인이 되기 위해서는 지속적인 신앙훈련이 필요하다. 그러므로 신자는 훈련받기에 힘쓰는 자가 되어야 한다.

6. 바른 인생철학이 필요하다

사람이 세상을 막연히 살아가기보다는 보다 분명하고 확실한 인생철학이 필요하다. 그 사람의 철학은 그 사람의 인생과 삶을 좌우한다. 사람이 원만한 인격을 가지려면 지정의가 겸비된 인생철학이 필요하다.

신앙도 마찬가지이다. 신앙생활을 아름답게 하려면, 믿음 안에서 세워진 인생철학이 필요하며, 편협되고 자기중심적이며 자기 경험적인 인생철학이 아니라, 보편적이고 진취적이며 미래지향적이면서도 하나님 중심적이고 하나님께 영광을 돌리는 인생철학이 필요하다. 그래야 이 세상을 살아감에 있어서 어떤 미혹에도 흔들리지 않고 바른 믿음의 길을 걸어 갈 수 있게 된다.

다음을 읽으시오.

☞ 엡 4:14을 읽으시오(p.314). ______________________

____

나눔의 시간

1. 오늘의 말씀을 통해서 느낀 점을 말해보자.

2. 당신의 인생관을 말해보자.

제 30과

새 사람을 입으라

- 본문 / 엡 4:17-24(p.314)
- 찬송 / 502, 365

할렐루야! 전도합시다!

양 도둑이 성자로

옛날에 전문적으로 양을 훔쳐 팔던 젊은 양 도둑이 잡혔다. 화가 난 사람들은 다시는 그런 짓을 못하게 하기 위해 그 젊은이의 이마에 양 도둑(Sheep Thief)의 약자로 S.T.라는 낙인을 찍었다.

그 후 그 젊은이는 그리스도를 영접하게 되었고 진실로 죄를 뉘우쳤다. 예수님을 영접한 후로 그는 남은 평생을 이웃을 위한 봉사와 희생의 삶을 살기로 결심했다. 그 젊은이가 노인이 되었을 때, 마을 사람들은 그의 이마에 찍힌 S.T.란 문자를 성자(SAINT)라는 말로 읽었다고 한다.

오늘 본문에서 옛 사람을 벗어버리고 새 사람을 입으라고 했다. 예수를 믿는 사람이 자신의 옛 성품을 그대로 가지고 있으면서 교회만 왔다 갔다 하는 것은 아무런 의미가 없다는 말이기도 하다. 본문 24절에 나오는 '새 사람' 이라는 말은 문자적으로 '갓 만들어낸 사람' 또는 '갓 태어난 사람' 을 의미한다. 그리스도인은 예수 안에서 날마다 새로이 태어나는 사람, 자신의 옛 것이 부정되고 새로워지는 자가 되어야 한다는 말이다.

그렇다면, 우리가 새 사람을 입으려고 할 때에 어떻게 하면 좋을 것인가?

1. 이방인같이 하지 말라(17절)

여기서 '허망' 이라는 말은 신약성경에서 때때로 우상숭배와 관련되어서 하는 말이다. 당시 이방인들은 쓸모없고 허망한 우상숭배를 했으며, 우상숭배 후에는 이방의 제사장들과 남녀가 음란과 방탕을 일삼았다. 바울 사도는 본문에서 신자가 예수를 믿었으면, 이제는 이방인의 때처럼 과거의 그러한 우상숭배나 술취함, 방탕함에 다시는 빠지지 않도록 경계를 하였다.

그러나 마귀는 오늘날에도 불신자들은 물론이거니와 예수를 믿는 사람들까지도 미혹하여 우상숭배와 방탕, 허무에 빠지게 만든다. 그러므로 한번 예수를 믿었으면, 과거의 그런 잘못된 것들을 과감히 벗어버리는 작업이 필요하다.

다음을 읽으시오.

☞ 엡 4:22을 읽으시오(p.314). ______________________________

____

2. 가르침을 받은 대로 하라(20, 21절)

본문 20절에 '배우지' 란 말은 원어로 '에마데테' 라는 말인데, 이는 단순한 학습을 말하지 않고, 종이나 제자가 되어 철저한 훈련으로 배우는 것을 말한다. 여기서 그리스도를 배운다라고 했으니, 이는 에베소 교회 성도들은 그리스도를 배우되 그리스도에 관하여서만 배운 것이 아니라, 철저하게 그리스도를 닮아 가는 삶을 살도록 배운 것을 의미하는 것이다.

바울은 에베소 교회에게 이와 같이 그리스도를 철저하게 배운 대로 살아갈 것을 강조했다. 바울이 강조하는 새 사람의 모습은, 가르침을 받은 바대로 사는 자의 모습이다.

다음을 읽고, 베뢰아 성도들의 신앙모습을 살펴보자.

☞ 행 17:11-12을 읽으시오(p.217). ____________________

____

3. 심령을 새롭게 하라(23절)

본문 23절에서 '심령' 이라는 말은 인간의 영과 마음을 가리키며, '새롭게 되어' 라는 말은 헬라어의 '아나네우스다이' 란 말인데, 이 말은 현재 부정사 수동태로서 성령에 의해서 날마다 계속적으로 새로워져야 함을 의미한다. 신자가 옛 사람과 짝하여 살던 세상 것을 버리고, 예수를 믿어 새롭게 살려고 결심을 했으니 이제부터는 예수 안에서 마음을 새롭게 해서 새 사람으로서 살아야 하며, 그 일은 한두 번으로 끝나는 것이 아니라 날마다 계속적으로 심령을 새롭게 하는 작업을 해가면서 살아가야 한다.

그렇다면, 신자가 날마다 새로워지기 위해서 어떻게 할까?

다음을 읽으시오.

☞ 요 3:5을 읽으시오(p.145). ______________________________

____

나눔의 시간

1. 오늘의 말씀을 통해서 느낀 점을 말해보자.

2. '거듭난다' 는 말의 의미에 대하여 당신의 생각을 말해보자.

제 31과

변화된 삶을 살라

- 본문 / 엡 4:25-32(p.314)
- 찬송 / 360, 365

할렐루야! 전도합시다!

미워하는 사람이 없는 사람

목사가 「사랑」에 대한 주제로 설교를 하다가 교인들에게 물었다. "여러분 중에 미워하는 사람이 하나도 없는 사람이 있습니까? 만약 있다면 어디 손 한번 들어보세요." 아무도 손을 들 수가 없었다. 그때, 맨 뒤에 앉아 있던 나이 많은 할아버지가 잠시 생각을 하더니 자신 있게 손을 번쩍 드는 것이었다. 깜짝 놀란 목사가 다시 물었다.

"할아버지, 그게 정말이십니까? 그 비결이 무엇입니까?"

"나도 옛날엔 많았지요. 그런데 나이를 먹다보니 내가 미워하던 사람들이 한 사람씩 다 죽어버리고 이젠 한 사람도 안 남았네요."

사람의 성품은 평생을 가도 쉽게 변화하지 않는다. 그렇지만, 그리스도로 옷 입으면 새로운 성품의 새 삶을 살아갈 수가 있다.

오늘 본문에서 바울 사도는 예수님을 만나서 새로운 사람으로 변화를 받은 그리스도인으로서 어떻게 하면 옛 사람을 벗어버리고 새 사람이 되고, 이웃과의 삶이 어떻게 하면 좋을 것인지에 대하여 제시하였다.

그렇다면, 우리가 변화된 삶을 살려면 어떻게 할 것인가?

1. 덕을 세우는 삶을 살라(25, 29절)

'덕을 세운다' 는 말은 헬라어에서는 '아레테' 라고 하는 말이다. 이 말은 종종 믿음에 대한 순교자들의 충절을 의미하는 용어이다. 초대교회 때에 순교자들은 주님에 대한 충절을 지키기 위하여 때때로 그들은 말할 수 없는 고문을 당하기도 하였다. 하지만, 그들은 주님께 대한 믿음을 지켰는데, 사람들이 그 모습을 보면서 큰 은혜를 받아 나도 저 순교자처럼 신앙생활을 해야 되겠다고 하는 믿음의 결심을 세우게 된다. 신앙의 덕은 죽기까지 믿음을 지킬 때에 세워지고 은혜가 된다.

그렇다면, 우리가 어떻게 할 때에 덕을 세우고 은혜로운 신앙생활을 해 나갈 수가 있을까?

☞ 엡 4:29-30을 읽으시오(p.314). ______________________________

____

2. 이웃을 돕는 삶을 살라

본문 28절에서는 신자가 자기의 수고한 것으로 선한 일을 하며 돕는 삶을 살아야 함을 가르친다. 바울은 도적질하지 말라는 권면으로 그치지 않고 더욱 한발 앞서 나가서 이제는 기독교인의 노동 윤리까지도 가르치고 있는 것이다. 바울은 사람이 제 손으로 열심히 수고하여 부를 축적하라고 했다. 그러나 그 목적은 물질을 많이 쌓고 편안하게 지내며 그것을 자랑하고 자신만을 위해서 축적하라는 것이 아니라, 오히려 이웃을 돕는 선한 일에 사용하도록 하는데 있다.

소크라테스는 말하기를 "부한 사람이 그 부를 자랑하고 있다손 치더라도, 그가 그 부를 어떻게 쓰는가를 알기 전에는 그를 칭찬해서는 안된다." 라고 하였다.

그렇다면, 예수님은 우리의 물질을 통해서 어떻게 하라고 했는가? 아울러 우리의 진정한 친구는 누구를 의미할까?

☞ 눅 16:9을 읽으시오(p.122). ______________________

____

3. 서로 용서하면서 살라

32절에서 "…하라"는 말의 원어적인 의미는 "…되라"는 말로서 서로 인자하게 여기고, 불쌍히 여기며, 용서의 삶을 사는 것은 그리스도인의 삶의 목표이면서도 목표로서 끝날 것이 아니라, 실제적으로 그와 같이 되라는 말이기도 하다.

사실 우리가 이 세상을 살 때에 워낙 다양한 사람들을 상대하다 보니까 때로는 내가 믿었던 사람에게서 어려움을 당할 수도 있다. 그럴 때에는 이루 말할 수 없는 섭섭함과 원망이 나오기도 하고, 미운 마음이 솟구쳐 오를 수도 있다.

그렇다면, 예수님은 신자가 이 세상을 어떻게 살라고 했는가?

다음을 읽어보자.

☞ 마 18:21-22을 읽으시오(p.30). ______________________

____

나눔의 시간

1. 오늘의 말씀을 통해서 느낀 점을 말해보자.

2. 당신이 인간적으로는 도저히 용서할 수 없는 사람을 용서한 경험이 있다면 그때의 감정을 나눠보자.

제 32과

사랑의 자녀가 되라

- 본문 / 엡 5:1-4(p.314)
- 찬송 / 525, 452

할렐루야! 전도합시다!

이웃 사랑이란 이런 것

참된 이웃사랑이란 어떤 것일까? 설탕이 귀할 때 마더 테레사가 운영하는 사랑의 집에 설탕이 떨어져서 무척이나 어려움을 겪었다고 한다. 캘커타의 모든 사람들이 그 사실을 알았고, 누군가가 그 곳을 도와야 한다고 말들을 했다. 그러나 며칠이 지나도록 설탕을 주겠다고 나서는 사람은 없었다. 다만 사흘이 지난 후, 한 어린이가 자신이 먹을 3일 분의 설탕을 먹지 않고 모아서 들고 왔다. 사랑은 내가 쓰고 남는 것을 나누어 주는 것이 아니라, 나도 부족하지만 함께 나누는데서 나타난다.

오늘 본문에서 바울 사도는 에베소 성도들에게 너희는 하나님의 사랑을 입은 자녀들처럼 살아가도록 하라고 권면한다. 당시에 믿음으로 인해서 여러 가지 환난과 고난을 당하는 성도들을 향하여 바울은 하나님의 사랑을 힘입어서 살아가는 참된 신자의 아름다운 모습으로 세 가지를 제시하였다.

1. 하나님을 본받는 삶을 살라(1절)

본문 1절에는 "그러므로 사랑을 입은 자녀같이 너희는 하나님을 본받는 자가 되고"라고 했다. 여기서 '본받는 자'라는 말은 헬라어의 '미메타이'라는 말인데, 이는 '모방하는 자'라는 뜻이다. 사실 하나님을 본받아서 모방하여 살아간다는 말은 매우 추상적인 개념이다. 그러므로 이것을 구체적인 개념으로 바꾸어야 하는데, 어떤 주석가는 하나님께서 우리에게 보여주시고 베풀어주신 사랑을 본받아 살아가는 것을 의미한다고 했다.

그렇다면, 우리가 모방하여 닮아가야 할 주님의 모습은 어떤 모습일까? 바울은 그 방법으로 바로 앞 절을 통해서 밝혀 주고 있다.

다음을 읽고, 말씀을 생각해 보자.

☞ 엡 4:31-32을 읽으시오(p.314). ______________________________

____

2. 사랑을 실천하는 자가 되라(2절)

사랑은 하나님의 성품의 본질이며, 동시에 그리스도인들이 닮아가야 할 성품의 본질이다. 우드(Wood)라고 하는 사람은 "그리스도인들이 닮아가야 할 사랑의 모범은 그리스도 자신이시다."라고 했다. 특별히 본 절에서 '같이' 라는 말이 나오는데, 이 말은 헬라어에 '카도스' 라는 말이고, 모방의 기준을 제시하는 말이기도 하다. 이 말은 그리스도인들이 닮아가서 실천해야 할 사랑의 기준은 개인의 주관적 사랑에 근거하지 않고, 그리스도의 객관적인 사랑의 기준에 그 근거를 둔다는 것을 의미한다.

그렇다면, 주님의 사랑은 어떤 사랑인지 그 사랑을 배워보자.

☞ 요일 4:7-11을 읽으시오(p.391). ______________________________

____

3. 감사 언어를 사용하라(3,4절)

신앙생활에서 언어생활은 대단히 중요하다. 말은 그 사람의 인격과 마음, 영혼, 의지를 지배하는 능력이 있다. 사람은 자기의 말에 의해 그 인생의 운명이 결정되기도 한다. 그렇기 때문에 신자는 자신의 언어생활에 승리해야 한다. 부정적인 말, 죄 짓는 말을 멀리하고, 긍정적인 말과 감사와 사랑의 언어를 사용해야 한다.

그렇다면, 바울은 신자의 언어생활을 어떻게 하라고 했는가?

☞ 엡 5:3-4을 읽으시오(p.314). ______________________________

____

나눔의 시간

1. 오늘의 말씀을 통해서 느낀 점을 말해보자.

2. 전도를 위해서 전도 대상자에게 어떻게 사랑을 베풀 때에 좋은 효과가 있었는지 그 간증을 해보자.

제 33과

주님을 기쁘시게 하라

- 본문 / 엡 5:6-19(p.314)
- 찬송 / 409, 428

할렐루야! 전도합시다!

하나님께 인정을, 사람에겐 신뢰를!

「서부 카센터」사장님의 이야기이다. 그분과 그 곳의 직원들은 모두가 신실한 믿음의 사람들이었다. 언제나 웃음 띤 얼굴과 성실함 그리고 정직함을 소유한 분이었다. 그분의 사업장에 가보면 사업 운영 목표가 "하나님께는 인정받는 업체, 사람들에게는 신뢰받는 업체"라는 모토였다고 한다. 그리스도의 이름으로 하나님과 사람에게 인정받는 사업장을 운영한다면, 크게 성공하는 사업장이 될 것이고, 주님께서도 기뻐하심은 당연하다.

주님을 자기의 마음에 항상 모시고 사는 사람이 행복자요, 기쁨이 넘치는 삶을 계속해서 살아갈 수가 있다. 그뿐만 아니다. 그런 사람은 자기 자신만이 행복에 넘치고 기쁨이 넘치는 것이 아니라, 다른 사람들까지도 행복하게 만든다.

그렇다면, 우리가 주님을 기쁘시게 하는 삶을 살아가기 위해서 어떻게 할 것인가? 오늘 본문 10절에서 바울은 "주께 기쁘시게 할 것이 무엇인가 시험하여 보라."고 했는데 이 말은 어떤 의미가 있는가?

1. 사실의 규명과 적극적인 노력이다

여기서 시험하여 보라고 하는 말은 금속의 질을 판명할 때에 쓰는 단어로서 이는 실험을 통해서 무엇을 규명한다는 의미가 있다. 다시 말하면, 주님께서 어떤 것을 기뻐하시는 자에 대하여 스스로 실험을 해봄으로써 그것을 규명하려는 노력이 요구된다.

영어 성경에서는 '시험해 보라' 는 말을 '찾아보라' 는 말로 번역을 했다. 기독교인은 주님을 기쁘시게 할 것에 대하여 사실의 규명에만 그쳐서는 안되고, 주님이 기뻐하실 것이 무엇인지 직접 나서서 찾아보는 작업을 해야 한다. 그리고 좌우로 흔들리지 않고 그 방향을 향해서 달려가는 노력을 해야 한다.

다음을 읽고, 바울의 신앙관을 들어보자.

☞ 고전 9:26을 읽으시오(p.274). ____________________

____

2. 사랑에 대한 적극적인 요구이다

오늘 본문 에베소서 5장 10절에서 "주께 기쁘시게 할 것이 무엇인가 시험하여 보라"는 것은 주님께서 우리에게 요구하시는 사랑에 대한 적극적인 요구를 보여준다. 우리가 주님을 사랑하려면, 주님이 기뻐하실 것이 무엇인지를 찾아서 적극적으로 사랑의 표현을 하라는 것이다. 참사랑은 적극적이다. 내가 사랑하는 자가 기뻐할 것이 무엇인지를 적극적으로 생각하면서 실천한다.

사람이 주님을 사랑하게 되면, 불평과 불만이 없어지게 되어있다. 어떤 고난과 문제가 온다고 할지라도 낙망하지 않는 믿음으로 더욱 주님께 매달리게 된다. 주님을 뜨겁게 사랑하는 사람은 주님께서 무엇을 해주지 않는다고 불평하기보다, 주님께서 무엇을 기뻐하시는지 찾아보고, 내가 그에 맞추려고 노력하게 된다.

다음을 읽고, 신자가 힘써야 할 것이 무엇인지 알아보자.

☞ 살전 4:1을 읽으시오(p.331). ______________________________

____

3. 믿음에 대한 적극적인 요구이다

오늘 본문 에베소서 5장 10절에서 "주께 기쁘시게 할 것이 무엇인가 시험하여 보라."는 것은 주님께서 우리에게 요구하시는 적극적인 믿음에 대한 요구이다. 오늘날 많은 사람들이 하나님을 믿는다고 하면서도 얼마나 그 믿음이 형식화되어가고 있는지 모른다. 안타깝게도 오늘날 신앙생활이 형식화, 악세사리화 되어가고 있는 경향이 있다. 악세사리는 있어도 되고 없어도 되는 것이다. 그러나 신앙은 없으면 안 되며 내 생명과도 바꿀 수 없는 그런 것이다. 주님을 어떻게 사랑하느냐하는 것은 내 영혼의 생사가 달려 있는 문제이다. 당신은 기도하면서도 주님을 의심하지는 않는가? 당신의 믿음과 기도에 적극적인 확신을 갖도록 하라.

다음을 읽고, 신자의 믿음에 대한 자세를 알아보자.

☞ 히 10:22을 읽으시오(p.363). ______________________

____

나눔의 시간

1. 오늘의 말씀을 통해서 느낀 점을 말해보자.

2. 당신을 통해서 주님께서 기뻐하실 것을 찾아보자.

Ⅵ

복종과 섬김

제 34과

빛의 자녀가 되라

- 본문 / 엡 5:6-14(p.314)
- 찬송 / 502, 93

◆

할렐루야! 전도합시다!

신발을 도둑맞아도 감사

독일의 재무장관을 지낸 「마르티 바덴」의 일화이다. 그는 젊었을 때 무척 가난했다. 한번은 여행 중 싸구려 여관에서 하루를 지냈는데, 밤새 구두를 도둑맞고 말았다. 화가 난 그는 하나님을 원망했다. "하나님도 너무 하시지. 나같은 가난뱅이의 신발까지 훔쳐가게 하시다니…" 딱하게 여긴 주인이 헌 신발을 빌려 주면서 교회를 같이 가자고 했다. 마침 그날이 주일이었다. 그는 교회에서 두 다리가 없는 사람이 감사히 예배를 드리는 모습을 보고 자신이 부끄러워졌다. 이때부터 그의 삶은 변화되었다. 그는 주님을 나타내는 빛의 자녀가 되었다.

오늘날 그리스도인들 역시 자연의 빛만 가지고서는 살 수 없다. 그리스도인들은 이 세상의 자연의 빛, 인공의 빛만 가지고 살아가는 자가 아니라, 주님께서 주시는 또 다른 생명의 빛을 가지고 살아가는 자이다. 그때에 비로소 이 험한 세상에서 빛의 자녀가 되어 어둠의 세력을 물리치면서 살아갈 수가 있다. 빛은 어둠을 물리치는 능력이 있다.

그렇다면, 우리가 빛의 자녀로서 어떻게 살아갈까?

1. 세상의 헛된 미혹에 속지 말라(6-7절)

성경을 보면, 사막 여행을 하는 이스라엘 민족의 모습이 나온다. 이스라엘 민족은 과거에 40년 동안 걸어왔던 그 광야 사막여행의 모습은 오늘날 세상에서의 인생 발걸음의 모습들이었다.

사막 여행에서 여행자들이 목이 말라서 지쳐있을 때에 신기루에 미혹 당하기 쉬운 것처럼, 오늘날 우리들도 이 세상을 살아가면서 삶에 지쳐있을 때에 세상에 미혹을 당하기 쉽다.

바울 사도는 에베소 교회 성도들에게 세상에 미혹 당하지 않기 위해서 어떻게 하라고 했는가?

☞ 엡 5:6-7을 읽으시오(p.314). ______________________________

____

2. 주님을 기쁘시게 하라(8-10절)

성경에는 사람이 창조자 하나님을 시험하는 것에 대하여서 철저히 배격하고 있다. 그 때문에 성경은 하나님을 시험하는 자들이 징계를 받아서 패망한 사례들을 보여준다(고전 10:8-10).

그럼에도 불구하고, 성경에서 하나님을 시험해도 좋다고 허락한 경우가 있다. 이런 경우에는 사실 하나님을 시험해도 좋다고 하기보다는 워낙에 무지한 인간이 너무나도 하나님의 뜻을 모르고 살기 때문에 그렇게 해서라도 하나님을 잘 믿어서 축복 받는 삶을 살도록 허락한 것이다.

그렇다면, 우리가 하나님을 시험해도 좋을 것은 무엇인가?

☞ 엡 5:9-10을 읽으시오(p.315). ______________________________

____

☞ 말 3:10을 읽으시오(p.1330). ______________________________

____

3. 어둠의 일에 참예하지 말라(11-14절)

성경에서 이 세상은 어둠의 세상으로 표현을 한다. 어둠의 권세자인 원수 마귀가 역사하는 곳이라는 것이다. 그렇기 때문에 바울 사도는 우리 그리스도인들은 빛의 자녀로서 빛의 열매를 맺지 못하는 세상의 어둠의 일에 참예하지 말아야 한다고 경고를 했다.

바울은 11절에서 어둠의 일에 참예하지 말라고 하는 경고에 그치지 않고, 한 걸음 더 나아가서 어둠의 일들을 '책망하라' 고 강력하게 권면한다. '책망하라' 는 말은 헬라어의 '엘렝케테' 라는 말인데, 이는 사람들을 '납득시키다' 또는 '꾸짖는다' 는 의미가 있으며, 어떤 성경해석자는 이 말을 '드러내어 폭로한다' 는 의미라고 했다. 죄는 감추면 더욱 번성하지만, 드러내어 책망하여 회개하게 만들면 깨끗해진다.

다음을 읽고, 우리가 죄를 회개할 때의 효과를 알아보자.

☞ 요일 1:8-10을 읽으시오(p.388). ______________________________

____

나눔의 시간

1. 오늘의 말씀을 통해서 느낀 점을 말해보자.

2. 구역과 자신이 주님을 기쁘시게 할 방안에 대하여 의논하자.

제 35과

세월을 아끼라

- 본문 / 엡 5:15-18(p.315)
- 찬송 / 288, 197

할렐루야! 전도합시다!

너무 늦었소

귀족 집 처녀로부터 청혼을 받은 남자가 고민에 빠졌다. 결혼에 대해 별로 생각을 안 해본 그였으나 이번만큼은 달랐다. 그때부터 그는 결혼에 대해 열심히 책을 읽기도 하고, 많은 사람들에게 자문도 구했다. 드디어 결심이 섰다. 그녀의 집 대문을 두드렸다. 그녀 대신 그녀의 아버지가 그를 맞이했다. "너무 늦었소. 당신이 결단을 내리지 못하고 망설이는 동안, 내 딸은 이미 두 아이의 엄마가 되었소." 무슨 일이든지 때가 있는 법이다. 내일이면 늦을 수도 있다.

오늘 본문에서 사도 바울은 우리들에게 시간에 대한 아주 귀중한 메시지를 전해준다. 오직 지혜 있는 자가 되며(15절), 어리석은 자가 되지 말고(17절), 오직 주의 뜻이 무엇인지 이해를 하라(17절)고 했고, 세월을 아끼라(16절)고 하였으며, 그 이유로 때가 악하기 때문이라(16절)고 했다. 여기서 '아끼라' 는 말은 '절약하라' , '사라' 는 말이다. 믿음의 사람은 시간을 절약하여 그 시간을 하나님의 뜻에 맞게 선하게 사용해야 한다는 것을 보여준 것이다.

그렇다면, 우리가 시간을 어떻게 아끼고 절약할 것인가?

1. 항상 부지런한 자가 되라

어떤 사람이 세계 일주를 하고 돌아왔다. 그분이 그동안 얻은 감상을 한마디로 말해달라고 했는데 대답이 이랬다. "내가 세계 방방곡곡을 다니면서 한 가지 느낀 것은 세계 어느 곳을 가보아도 부지런한 백성은 잘 살고, 게으른 백성은 못산다는 것을 발견하고 느낀 바가 많습니다."

「르나르」는 소설가요 극작가인데, "천재란 남이 잠자고 있는 사이에 일어나서 활동하는 사람을 말한다."고 하였다. 그리스도인은 이 세상의 어떤 사람들보다도 부지런한 자가 되어야 한다. 그래야 신앙과 인생에 승리자가 될 수 있다.

다음을 읽어보고, 말씀에 귀를 기울여 보자.

☞ 롬 12:11을 읽으시오(p.256). ____________________

____

☞ 잠 6:6을 읽으시오(p.916). ____________________

____

2. 시간에 대한 계획을 세우라

우리가 아무리 부지런하여 잠을 안자고 새벽에 일찍 일어난다고 할지라도 그 시간을 선용하는 계획이 없다면, 그 사람의 부지런함은 허비하는 시간, 낭비하는 시간이 많아져서 그 사람의 인생에 아무런 유익이 될 수가 없게 될 수 있다. 그렇기 때문에 우리가 부지런하고, 그것을 우리 인생의 성취와 연결 지으려면, 자기의 귀중한 시간들을 조금도 낭비함 없이 선용하는 지혜가 필요하다. 이 때문에 시간에 대한 계획을 세우는 것이 중요하고, 인생의 시간 계획에 대한 훈련이 습관화되어야 한다.

다음을 읽고, 사람이 시간의 계획을 세울 때에 그것을 성취하기 위해서 해결되어야 할 것이 무엇인지 알아보자.

☞ 잠 16:9을 읽으시오(p.928). ______________________________

____

☞ 잠 19:21을 읽으시오(p.932). ______________________________

____

3. 인생이 덧없이 짧음을 알라

본문에서 "세월을 아끼라"는 말은 헬라어에서 '기회를 사라'는 말로 번역할 수 있다. 이 말은 세월을 허송하여 낭비하지 말고, 시간과 기회를 잘 포착하여 잘 선용하라는 말이다.

그렇다면, 우리가 시간을 잘 관리하고 선용할 이유는 무엇인가? 그것은 우리가 주님을 위해서 아름답게 살 수 있는 시간들이 그렇게 길지 않기 때문이며, 주님께서 오실 날이 멀지 않기 때문이기도 하다. 인생의 삶은 너무나도 짧고 덧없이 빨리 지나가기 때문에 오늘 시간을 허비한 사람은 평생에 후

회할 것이고, 내세에서도 후회할 것이다.

다음을 읽고, 시편 기자와 인생론을 들어보자.

☞ 시 90:10을 읽으시오(p.870). ______________________________

____

나눔의 시간

1. 오늘의 말씀을 통해서 느낀 점을 말해보자.

2. 주어진 시간을 주님을 위해서 어떻게 사용해야 할지 의논하자.

제 36과

성령 충만을 받으라

- 본문 / 엡 5:18-21(p.315)
- 찬송 / 197, 185

할렐루야! 전도합시다!

항상 성령 충만한 삶

교회 문 앞에서 술 취한 두 사람이 다투고 있었다. 한 사람은 교회에 들어가 예배를 드리자고 했고, 다른 한 사람은 2차로 놀러가자고 했다. 결국 둘은 헤어졌고, 한 사람은 교회로, 다른 사람은 세상의 즐거움을 찾아갔다.

오랜 세월이 흐른 후, 세상으로 갔던 친구는 못된 죄를 지어 평생을 감옥에서 살아야 되는 무기징역수가 되었다. 그는 어느 날, 감옥에서 우연히 다음과 같은 내용의 신문을 보게 되었다. "제임스 A 가필드 대통령 취임" 옛날 교회 앞에서 다툰 후, 교회로 들어갔던 그 친구가 바로 대통령으로 취임하는 「제임스 A 가필드」였던 것이다.

사도 바울은 당시 포도주의 신 바카스에 취해 이른 아침부터 술에 취해서 길거리를 해맬 뿐만 아니라, 밤늦은 시간까지 술을 마시고 육신에 빠져 방탕한 삶을 살아가는 에베소 사람들을 보면서 그들에게 삶의 바른 방향을 제시해 주고자 "술취하지 말고 성령의 충만을 받으라." 고 했다.

그렇다면, 성령 충만한 삶의 중요성에 대하여 살펴보자.

1. 복음의 능력 있는 증인이 된다

초대교회 성도들도 예수를 믿고 구원의 확신은 있었지만, 처음에는 복음증거에 자신이 없었다. 그런 그들이 변화된 것은 성령의 기름 부으심을 받고나서 이다. 저들은 성령 충만으로 담대하게 복음을 증거하는 증인이 되었다. 오늘날에도 우리가 복음증거의 파수꾼이 되려면 성령 충만한 삶을 계속해서 살아가야 한다.

다음을 읽으시오.

☞ 행 1:8을 읽으시오(p.187). ________________________

____

☞ 행 4:13을 읽으시오(p.192). ______________________

____

2. 입술에 언어가 달라지기 시작한다

인류 역사상 어떤 시대를 보아도 그 시대에 있어서 가장 중요한 역할을 하고, 그 시대에 위대한 영향력을 끼친 인물들을 보면, 그 사람의 입술이 남달랐다는 것을 알 수가 있다. 그들은 어떤 어려운 상황하에서도 낙심과 절망하지 않았으며, 오히려 자기에게 다가오는 어려움 앞에서도 비전과 용기를 잃지 않았다. 그들은 부정적인 말보다는 긍정적인 사고와 말을 할 줄 아는 그런 사람들이었다. 그런 사람들이 그 시대를 움직였다. 초대교회에서도 성령 충만하게 되었을 때에 입술에 언어가 달라지기 시작했다.

다음을 읽어보고, 그리스도인에게 필요한 입술을 알아보자.

☞ 엡 5:4을 읽으시오(p.314). ______________________________

____

3. 매사를 하나님 차원에서 생각한다

신자가 성령 충만하게 될 때에 입술의 언어가 달라지는 이유는 매사에 하나님 차원에서 생각하게 되기 때문이다.

무슨 일이 조금 안될 때 과거에는 "아이쿠, 나죽네!" 하였지만, 이제는 "뭔가 하나님의 뜻이 있을 거야!" 또는 "더 기도하라는 뜻이 있을 거야!" 라고 생각하고 믿고 기도한다. 그리고 나중에 가보면 반드시 더 큰 축복이 기다리고 있음을 체험하게 되고, 화도 복으로 바뀌었음을 알게 된다.

다음을 읽으시오.

☞ 사 55:8-9을 읽으시오(p.1036). ______________________________

____

4. 주님을 위해서 일하는 것에 기쁨이 넘치기 시작한다

우리가 성령 충만을 받기 전에는 주를 위해서 일하는 것이 힘들고 어려워서 때로는 멍에로 느껴지기도 하였다. 그러나 성령 충만을 받고서부터는 무엇을 맡아도 기쁨이 넘쳐서 감당하게 된다.

성령 충만은 꼭 좋은 일이 있을 때만 힘나게 하는 것이 아니다. 오히려 어려운 때에 그 고난에 동참하면서 더욱 감사와 감격이 나오게 한다.

나눔의 시간

1. 오늘의 말씀을 통해서 느낀 점을 말해보자.

2. 어려움 당한 때에 감사한 마음이 있던 때의 경우를 간증해 보자.

제 37과

복종과 섬김의 삶을 살라

- 본문 / 엡 5:21(p.315)
- 찬송 / 450, 407

◇

할렐루야! 전도합시다!

삶이 하나님을 향한 고백

어떤 유명한 설교자가 온갖 감정을 다 넣어가며 시편 23편을 암송하자 장내는 "아멘!" 소리와 함께 떠나갈 듯이 박수를 치기 시작했다. 조금 지난 후, 몇몇 사람에게 떠밀려 어느 시골 목사가 다시 시편 23편을 조용히 암송했다. 박수 소리는 전혀 들리지 않았으나, 한 사람 두 사람씩 눈물을 흘리기 시작하더니 장내는 이내 눈물바다가 되고 말았다. 그 목사님은 삶 자체가 하나님을 향한 신앙 고백이셨음을 청중들이 깨달았던 것이다.

바울은 에베소 교회의 성도들을 향하여 "그리스도를 경외함으로 피차 복종하라"(엡 5:21)고 했다. '복종하라'는 말의 원어는 '휘포닷소메노이'란 말이다. 이 말은 고대의 군사적인 용어로서 본래 '~아래에 정렬하라'는 뜻이고, 권위자나 존경을 받을 만한 사람의 아래에 정렬하여 그분을 섬기라는 것이다. 그런데 이 말은 성경에 사용되면서 그리스도인들은 서로 존경하고 섬겨야 한다는 것을 의미하는 용어로 사용되었다.

그렇다면, 그리스도인이 섬기는 삶의 자세가 필요한 이유는 무엇인가?

1. 섬김의 삶은 그리스도의 제자로서 필수적인 요소이다

우리가 믿는 예수님은 "하나님의 독생자"(요 3:16)시라고 했고, "근본 하나님의 본체이신 분"(빌 2:6)이시라고 했다. 그럼에도 불구하고 예수님은 하늘의 모든 영화와 영광을 버리시고 이 땅에 오셨으며, 그 목적은 이 땅에서 왕 노릇하면서 하늘의 모든 영화보다도 더욱 큰 영광을 얻고자 함이 아니라 이 땅에 사는 죄인들을 섬기려고 오신 것이다. 그러므로 예수님을 따르는 제자가 섬김의 삶을 살아야 함은 매우 당연한 것이다.

다음을 읽으시오.

☞ 막 10:45을 읽으시오(p.73). ________________________

____

2. 신앙 공동체가 사랑과 은혜로 따뜻한 분위기가 된다

교회의 직분자들이 서로 섬기려고 하지 않는 교회는 왠지 모르게 딱딱한 분위기로 조성될 수밖에 없다. 그러나 서로 자신을 낮추고 섬김의 자세로 봉사하면 교회의 분위기가 은혜로운 분위기가 된다. 교회의 분위기를 깨는 중요한 요소는 자기만을 주장하는 것이다.

그렇다면, 성경에서 우리에게 가르치는 것은 무엇인가?

☞ 빌 2:3-4을 읽으시오(p.319). ______________________

____

3. 교회가 좋은 소문이 나게 되어 부흥하게 된다

부흥하는 교회를 조사해 보면, 교회의 구성원들이 서로 섬기고 궂은일에 나서서 헌신하며 짐을 서로 나누어지는 교회이다. 반대로 침체하고 주저앉는 교회를 보면 앞장서서 교회와 성도들을 섬겨야 할 직분에 있는 사람들까지도 영광을 받으려고만 하고 교회의 굳은 일을 싫어하는 경우이다.

교회란 자기의 집에서 하녀를 두고 일하며 주방에서 손에 물방울도 묻혀보지 않았던 사람일지라도, 팔소매 걷어붙이고 나서서 다른 사람을 위해서 섬기는 자세로 봉사하는 사람들이 많아야 한다. 이런 교회는 이웃에 좋은 소문이 나게 되고 자연히 부흥하게 된다.

다음을 읽으시오.

☞ 막 10:43-45을 읽으시오(p.72). ______________________

____

4. 사람의 인격이 올라가게 되고, 존경과 사랑을 받게 된다

다른 사람으로부터 존경과 사랑을 받는 것은 인위적인 방법으로 권위를 부리고 군림하려는 자세나 주장하려고 하는 자세에서 나오지 않는다. 자신을 희생하여 서로 복종하며 섬기는 자세를 가지고 교회와 성도를 섬기며 주님을 섬기는데서 비로소 사랑과 존경을 받게 된다. 21세기 시대의 바른 지도력은 권위와 군림이 아니라 섬김에 있다.

다음을 읽고, 섬김의 본을 보이신 예수님을 알아보자.

☞ 빌 2:8을 읽으시오(p.319). ______________________________

____

나눔의 시간

1. 오늘의 말씀을 통해서 느낀 점을 말해보자.

2. 당신이 기억하는 아름다운 섬김을 이야기해보자.

제 38과

사랑 받는 아내가 되자

- 본문 / 엡 5:32-33(p.315)
- 찬송 / 200, 559

할렐루야! 전도합시다!

이것은 내 마누라의 옷이야!

공처가의 친구가 공처가를 놀리고 있었다.

A : "이 지독한 공처가야. 자네 옷의 단추까지도 자네가 다나?"

B : "난 그런 적이 없는데…"

A : "어제 저녁 검정색 옷에 단추 다는 걸 이 두 눈으로 똑똑히 봤다고."

B : "아, 그건 내 옷이 아니라 내 마누라 옷이야. 내가 좋아서 달아줬는데 뭘."

행복한 가정은 저절로 이루어지지 않는다. 행복한 가정은 부부가 합심하여 만들어 가는 것이다. 어떤 위기가 가정에 다가온다고 할지라도 부부가 서로 사랑하며, 행복한 가정을 만들기만 하면 그 모든 위기를 극복할 수 있다.

오늘 본문은 어떻게 하면 행복하고 사랑이 넘치는 아름다운 가정을 이룩할 수가 있을 것인가를 가르쳐 주면서 특별히 사랑받는 아내가 되는 길에 대하여 가르쳐 준다.

1. 남편을 존경하라(33절)

벤자민 플랭클린은 행복한 결혼생활을 원하는 사람들을 향해서 "결혼 전에는 두 눈을 똑바로 뜨시오. 그러나 결혼 후에는 한 눈을 감으시오." 라는 유명한 말을 했다.

사람이 결혼 전에는 그 사람의 모든 것이 좋아 보인다고 할지라도 결혼 후 얼마간의 시간이 지나게 되면, 배우자의 좋은 점만 보이는 것이 아니라 약점까지도 보이게 된다. 이때부터 갈등을 일으키기 쉽고 행복한 가정을 잃어버리기 쉽다. 그러나 분명한 것은 내 눈에 거슬리는 배우자의 모습은 내가 배격해야 할 그런 대상의 것이 아니라, 오히려 나와 다른 성장배경에서 나온 차이일 뿐임을 기억하고 사랑으로 이해하며 존경하는 아내가 될 때에 행복한 가정이 된다는 사실이다.

'존경' 이라는 말은 '경외' 라는 말과 일맥상통한다. 다음을 읽고 행복한 가정을 원하는 사람의 자세를 배워보자.

☞ 엡 5:32-33을 읽으시오(p.316). ______________________________

____

2. 남편에게 복종하라

현대의 여성들의 입장에서 보면 "아내는 자기 남편에게 복종하라." 고 하는 이런 성경구절은 시대에 맞지 않는 말로 여겨질 수도 있다. 그러나 우리의 생명의 주님께서 하신 말씀이 시대에 뒤떨어지는 그런 말씀을 우리에게 주실리 없다. 성경말씀은 우리 신앙과 생활에서 영원토록 변함없는 생명의 말씀이기 때문이다.

모 대학의 어느 교수는 아내는 남편에게 복종하라고 하는 말씀을 처음에는 시대에 뒤떨어진 구시대의 말씀이고, 남존여비의 권위주의적인 말씀이라고 여기서 반발했다고 한다. 그러나 성경을 묵상하며 성경의 권위를 깨달은 바 있어서 그대로 실천해 보았다. 그때에 놀라운 체험을 한 후에 고백하기를 성경말씀대로 복종하여 보았더니 남편의 사랑이 완전히 달라졌으며 가정의 행복이 찾아왔다고 했다.

다음을 읽으시오.

☞ 엡 5:22-23을 읽으시오(p.315). ________________________

____

3. 예수님을 잘 섬기는 자가 되라

미국의 한 청소년 담당자는 사회적인 문제로 대두되고 있는 아이들의 대부분의 경우가 그들의 어머니가 아이들 앞에서 아버지에게 자기주장을 강하게 펴고, 끝까지 관철시키는 것을 보면서 자란 가정의 아이들이었다는 보고서를 낸 적이 있다.

아내가 남편에게 복종하는 모습을 보면서 자란 아이들은 그 영향이 직접 미친다. 그런 가정의 아이들은 놀랍게도 아버지의 말과 어머니의 말에 순종하는 자녀가 된다는 것이다. 아내는 정상적인 아이들의 교육을 위해서라도,

자기의 사랑하는 남편에게 복종하는 모습을 가져야 한다. 이것은 믿음으로 예수님을 잘 섬기지 않고는 불가능한 것이다.

다음을 읽어보고, 신앙의 복종의 관계를 생각해 보자.

☞ 엡 5:22-24을 읽으시오(p.315). ______________________________

____

나눔의 시간

1. 오늘의 말씀을 통해서 느낀 점을 말해보자.

2. 남편에게 복종하여 얻은 행복을 간증해보자.

제 39과

존경받는 남편이 되자

- 본문 / 엡 5:25-33(p.316)
- 찬송 / 288, 285

◇

할렐루야! 전도합시다!

제 목숨이라도 드리겠습니다

사이러스(Cyrus)왕이 이웃나라를 정복하고 왕족을 포로로 잡아 왔다. 왕은 포로로 잡혀온 그들에게 장난삼아 물었다.

"왕자여, 내가 만약 그대의 목숨을 살려 준다면 그대는 나에게 무엇을 주겠소?"

"제 재산의 절반을 대왕님께 드리겠소."

"그럼 그대의 아이들을 살려 준다면?"

"전 재산이라도 드리겠소."

"당신의 부인을 놓아준다면?"

"제 목숨이라도 드리겠습니다."

그 대답에 감동된 왕은 아무런 조건도 없이 그들을 모두 풀어 주었다고 한다.

한 사람의 남자와 다른 한 사람의 여자가 만나서 결혼을 했으면, 행복한 가정생활을 이끌어가야 한다는 것은 아무리 강조를 해도 지나침이 없을 것이다. 그런데 이런 행복한 가정생활은 결혼만 했다고 해서 저절로 이루어지는 것이 아니다. 부부가 함께 행복한 가정생활을 꿈꾸고 그것을 위해서 노력할 때만이 가능해진다.

그렇다면, 오늘 본문에서 행복한 가정을 세우고, 존경받는 남편이 되기 위해서는 어떻게 하라고 가르치는가?

1. 아내를 사랑하라

남자가 결혼을 했으면 아내를 사랑하는 것은 당연한 것이라고 누구나 여긴다. 그러나 문제는 당연하다고 여기면서 진정으로 아내를 사랑하는 모습이 나의 삶에서 나타나는 것은 그렇게 쉽지 않다. 존경받는 남편은 저절로 이루어지는 것이 아니다. 결혼하여 내 아내를 진정으로 사랑할 때에 그 존경이 이루어진다.

그렇다면, 아내를 어떻게 사랑해야 할까?

다음 성경을 읽고, 그 의미가 무엇인지 토론해 보자.

☞ 엡 5:25을 읽으시오(p.316). ______________________________

____

2. 아내의 요구를 이해하라

때때로 아내가 결혼 후에는 이유 없이 짜증을 잘 내고 우울증에 빠지는 경우가 있는 것처럼 보일 때가 있다. 그럴 때 자칫 남편의 입장에서는 내 아내가 변했다고 여겨지기 쉽고, 결혼을 잘못한 것이 아닌지 의심하게 될 수도 있으며, 결국에는 결혼생활에 어려움이 가중되는 때가 있다. 그런데, 그런 때에 남편된 자들은 아내에게서 그 문제의 원인을 찾으면 안된다. 오히려 나 자신에게서 문제를 찾고 해결점을 발견하려는 노력이 중요하다.

내가 도와야 할 일들은 없는가? 내가 칭찬, 격려, 용기를 주면 좋을 것들은 무엇인가? 아내의 진정한 요구는 무엇인지를 생각하고 이해하려고 하는 그런 남편은 존경받는 남편이 될 것이다.

다음을 읽어보고, 아내 사랑을 어떻게 하라고 했는지 알아보자.

☞ 엡 5:28-30을 읽으시오(p.316). ______________________________

____

3. 아내를 귀하게 여기라

어떤 가정생활 세미나에서 설문조사를 했는데, 아내가 상처를 받는 가장 큰 원인 중의 하나는 남편이 결혼전과는 달리 아내에게 부드럽게 대하지 않는다는 것이라고 했다. 아내에게 함부로 말하고, 아내를 무조건 지배하려고 들고, 복종을 강요하는 태도는 성경적인 남편의 자세가 아니며, 오히려 아내를 더욱 괴롭게 만들고 슬프게 만드는 것이고, 가정의 행복을 해치는 태도이다.

그렇다면, 성경은 아내를 대하는 남편의 태도에 대하여 어떻게 말했는가?

☞ 벧전 3:7을 읽으시오(p.379).

나눔의 시간

1. 오늘의 말씀을 통해서 느낀 점을 말해보자.

2. 남편에 대한 아내의 요구는 어떤 것들이 있을까?

제 40과

결혼의 행복을 영유하라

- 본문 / 엡 5:31-33(p.316)
- 찬송 / 510, 292

할렐루야! 전도합시다!

행복한 가정은 누가 만드나?

재담이 뛰어난 '배티' 라는 부인이 있었다. 그녀는 남편을 진정으로 사랑했으며, 종종 남편의 단점을 소재로 사람들을 웃기곤 했다. 마음이 너그러운 남편도 항상 웃어넘겼다. 그러나 이런 일들이 오래 계속되자, 남편의 눈에 새로운 여성이 들어왔다. 그녀는 직장 동료였는데, 항상 그를 격려하며 또한 존경했다. 남편의 마음이 흔들렸음은 자명한 일이다. 그 사실을 안 '배티' 는 순간 자신의 실수를 깨달았다. 그리고 남편의 단점을 더 이상 말하지 않았다. 대신 남편의 장점을 찾아 이야기했다. 얼마 후, 그 부부가 「잉꼬부부」라고 소문난 것은 당연한 일이었다.

하나님께서 천지창조를 하신 후, 그곳의 중심에 사람을 만드셨다. 하나님은 결혼과 가정이라는 제도를 통해서 하나님께서 기뻐하시는 하늘나라를 건설하도록 하셨다. 그러므로 사람이 이 땅에 사는 동안에 가정의 울타리를 통해서 천국의 행복을 맛보며 살아갈 수 있는 놀라운 축복을 받게 되었다.

그렇다면, 행복한 결혼은 어떻게 창조되는 것인가? 사람이 결혼을 하고, 가정을 세워서 행복한 삶을 살아가기 위해서는 여러 가지 요소가 필요하다. 그것들 중에서 그 어떤 것들보다도 중요한 원리 3가지가 있다.

1. 사랑을 자라게 하라

어떤 사람이 건물을 짓고 주변에 나무를 심었다. 그런데 나무를 심어놓았다고 모든 나무가 다 잘 자라는 것이 아니었다. 그 중에는 말라죽는 나무도 있었는데, 뿌리를 내리지 못하고 자라지 않는 나무는 말라서 죽었다.

사랑이 자라야 한다. 자라지 않는 사랑은 식게 되어있고 죽어가게 되어있으며, 사막보다도 더욱 삭막하고 황량하고, 시베리아보다도 더욱 춥고 싸늘하게 되어있다. 그렇기 때문에 가정의 사랑은 날마다 자라가야 한다. 사랑이 자라가는 가정은 하나님이 주신 축복을 영유하는 아름다운 가정이 될 수 있다.

다음에서 가정과 결혼생활의 행복을 위해서 자라야 할 것을 알아보자.

☞ 벧후 3:18을 읽으시오(p.387). ______________________________

____

2. 서로 존경하라

서울 가정법원의 최근 통계에 따르면 우리나라의 이혼율이 근래에 이르러서 30% 이상이라고 한다. 오늘날 많은 사람들이 서로 사랑하여 결혼에 이

르렀음에도 불구하고, 결혼 후 어렵게 이룬 결혼관계가 깨어지는 중요한 이유들 중에 하나는 결혼을 했으나 부부 서로 간에 아무런 존경심을 갖지 못했기 때문이라고 한다. 부부 상호간에 존경심이 없는 결혼은 깨어지기 쉽다. 그러므로 행복한 가정을 위하여 두 사람이 일평생을 살아가면서 서로 사랑하고 존경하는 마음을 키워가야 한다.

그렇다면, 서로 존경하는 결혼이 되기 위해 어떻게 할까?

☞ 벧전 3:7을 읽으시오(p.379). ________________________

____

3. 행복을 위해 노력하라

한 사람의 남자와 한 사람의 여자가 결혼하여 가정을 이루게 되면, 사람의 머리가 둘일지라도 생각을 같이 해야 하며, 가슴은 둘일지라도 이루려고 하는 꿈과 비전은 하나라야 한다. 걸음은 따로 따로 걷는다고 할지라도 가정에서 추구하는 목적지는 한 곳이 되어야 한다.

가정의 삶의 원동력은 부부에게 있고, 가정의 삶의 행복 역시 부부의 화합에 있다. 그러므로 행복하고 아름다운 가정을 세우려면 부부가 합심하여 세워가고 만들어가야 한다. 그러므로 부부는 가정을 세웠으면 이것으로 만족하지 말고, 행복한 가정을 노력해서 만들어 가야 하는 것이다.

다음을 읽고, 가정행복의 원리를 찾아보자.

☞ 엡 4:1-3을 읽으시오(p.313). ________________________

____

나눔의 시간

1. 오늘의 말씀을 통해서 느낀 점을 말해보자.

2. 당신의 가정에서의 행복을 말해보자.

Ⅶ

중보와 기도

제 41과

효의 축복을 영유하라

- 본문 / 엡 6:1-3(p.316)
- 찬송 / 405, 354

할렐루야! 전도합시다!

아버지를 팝니다

어느 날, 신문에 희한한 광고가 게재됐다. "아버지를 팝니다." 어떤 젊은이가 광고의 주소를 보고 찾아갔다. 그리고 의아한 생각을 하며 노크를 했다.

"광고를 보고 왔습니다. 파신다는 아버지는 어디 계십니까?"

"바로 나요. 그런데 왜 아버지를 사려고 하시오?"

"예, 저와 저의 처는 모두 아버지가 안 계십니다. 아버지를 모시고 사는 것이 일평생 소원이었습니다."

"그럼, 돈은 준비해 왔소? 진짜 나를 사겠소?"

젊은이는 그 돈을 노인께 드리며 말했다.

"제가 아버지를 샀으니, 이제부터는 저의 아버님이십니다. 절 받으십시오, 아버님."

"고맙네. 자네는 다른 사람과 다른 것 같구나. 너야말로 진정 내 아들이다. 이젠 내 재산을 아들인 네가 관리해라. 나는 좀 쉬어야겠구나."

어떤 사람은 기독교에서 제사를 지내지 않는다고 하여 기독교를 불효의 종교라고 주장한다. 그렇지만, 기독교는 불효의 종교가 아니다. 오히려 성경은 효도에 대하여 강하게 강조한다는 사실을 우리는 기억해야 한다(레 19:3, 잠 23:25, 엡 6:1-3 등등).

그렇다면, 우리가 효를 실천할 이유는 무엇인가?

1. 하나님의 명령

기독교는 순종의 종교이다. 순종이란 말은 동의란 말과 그 의미가 다르다. 동의는 나와 뜻이 같을 때에만 함께 하는 것이지만, 순종은 명령에 대하여 무조건적인 응답과 순응을 전제로 한다.

하나님은 하나님의 백성들이 반드시 지켜야 할 10가지 계명을 주셨다. 십계명 중에서 1-4계명은 하나님에 대한 계명이고, 5-10계명은 인간관계에 대한 계명인데, 인간관계에 대한 계명은 부모공경으로부터 출발한다.

다음을 읽어보고, 하나님의 명령으로서 부모공경과 오늘날 나의 생각을 비교해 보자.

☞ 출 20:12을 읽으시오(p.112). ______________________________

____

2. 축복의 원리

성경 에베소서 6장을 보면 부모공경은 약속 있는 첫 계명이라고 하여 부모공경을 가르친다. 여기서 하나님의 약속은 무엇인가? 그것은 하나님이 주시는 축복의 약속을 의미한다.

대부분의 사람들은 잘 살기 위해서 노력을 하면 된다고 여긴다. 하지만 정작 인생의 참된 축복은 하나님이 주셔야만 가능하다는 사실을 기억하도록 하라. 성경의 축복의 약속은 하나님께 순종함과 더불어 부모공경에서 출발한다.

다음을 읽으시오.

☞ 신 5:16을 읽으시오(p.269). ______________________________

____

3. 인간의 윤리질서

성경에서의 부모공경에 대한 계명은 달른 계명과 달리 '~하라' 고 하는 적극적인 계명이다. 이것은 다른 계명인 '~하지 말라' 고 하는 말과 비교가 된다. 그만큼 부모공경에 대한 계명이 적극적인 하나님의 명령임을 보여주는 것이다.

가정의 행복과 안녕은 하나님이 우리에게 주신 부모공경의 질서가 바로 세워질 때에 가능해진다. 가정에서의 가장 기본적인 질서의 최우선은 부모에 대한 효도라고 할 수 있다. 효는 가정생활의 행복을 위해 필요한 가장 기본적인 질서이다. 그러므로 효를 떠나서는 가정의 행복을 이야기 할 수 없다.

다음을 읽으시오.

☞ 잠 30:17을 읽으시오(p.943). ________________________________

____

나눔의 시간

1. 오늘 말씀을 통해서 느낀 점을 말해보자.

2. 부모의 효도 문제에서 감동적인 이야기해보자.

제 42과

섬김의 삶을 실천하라

- 본문 / 엡 6:5-9(p.316)
- 찬송 / 287, 549

할렐루야! 전도합시다!

구역 예배 시간에 늦어서

휠체어를 타고 언덕길을 올라가던 한 장애인이 안전을 위하여 자동차의 속도를 줄이게 하기 위해 만들어 놓은 방지턱에 걸려 앞으로 꼬꾸라지고 말았다. 휠체어도 저만치 굴러가 버렸다. 도저히 혼자서는 휠체어를 바로 세우고 다시 휠체어에 올라앉을 수가 없었다. 마침 중년부인 두 사람이 지나가고 있었다. 그 장애인은 그들을 향해 큰 목소리로 부탁했다. "저, 아주머니 죄송하지만 조금만 도와주세요." 그러나 그 중년 부인은, "구역 예배 시간에 늦어 도와드릴 수가 없군요." 하고는 가버렸다. 그 말을 들은 장애인은 속으로 "차라리 예수쟁이란 말이나 하지말지!" 라고 중얼거렸다. 참된 신앙인과 신앙에서의 섬김의 실천이 어떤 것인지를 보여주는 장면이다.

고대 사회에서 노예제도는 일반적인 사회현상이었다. 그리고 전체 인구 중에서 노예가 차지하는 비중이 상당히 높은 편이었다. 그 당시 주인과 노예의 사이에는 친분관계는 전혀 있을 수가 없었으며, 노예는 어떤 가치를 인정받을 수도 없었고, 노예를 많이 가질수록 부자였고, 노예는 주인 마음대로 사기도 팔기도 할 수 있는 재산에 불과했다. 이러한 시대에 사도 바울은 바른 기독교 정신으로서 주인과 노예의 신분을 초월한 섬김의 삶을 가르친다.

그렇다면, 그리스도인인 우리가 섬김의 삶을 실천할 이유는 무엇인가?

1. 인간은 한 형제이다

바울 사도는 그리스도인의 주인이 종들을 대할 때에 노예라고 해서 함부로 대하거나 공갈로 위협을 가하고 비인격적으로 대하지 말라고 하였다. 동시에 노예들에게도 주인을 대할 때에 눈가림으로만 하지 말고, 예수님을 섬기듯이 섬김의 자세로 대할 것을 가르친다.

바울 사도가 이와 같이 가르치는 이유는 바로 주인과 노예는 제도상으로는 주종관계이지만, 그리스도 안에서 볼 때에는 형제요 자매가 되기 때문이다.

다음을 읽으시오.

☞ 막 3:35을 읽으시오(p.57). ______________________________

____

2. 서로 사는 원리이다

오늘날 많은 사람들이 회사를 다니고, 직장을 다닐 때에 나는 일을 했으니까 당연히 임금만 받으면 된다고 여길 수 있다. 그러나 일터에서 일을 할 때에도 섬김의 자세를 가지고 직장생활을 하면 직장생활이 보람있게 될 것이고, 회사가 발전하여 그곳은 아름다운 축복의 터전이 될 수 있다. 어떤 사람은 아름다운 주종관계는 그리스도 안에서만 이루어질 수가 있다고 했다. 그러므로 오늘날 우리가 직장생활을 할 때에도 주님을 섬기는 자세에서 해야 한다.

다음을 읽어보자.

☞ 롬 12:10-11을 읽으시오(p.256). ______________________

____

3. 사랑의 나타남이다

죤 와나메이커는 백화점 왕이 되고, 초대 체신부 장관이 되기 전에 남의 집에 점원으로 있던 사람이었고, 진실한 사람이었다. 그는 점원으로 일하는 것을 하나님이 주신 천직이라고 생각하면서 일했고, 일하는 것이 너무 감사해서 늘 기도하면서 감당했다. 그는 하나님을 사랑하는 사람이었으며, 그 사랑이 그의 삶의 터전에서 섬기는 삶으로 나타났던 것이다. 섬김의 삶은 주님의 사랑을 이 땅에서 실천하는 삶이다.

다음을 읽으시오.

☞ 마 25:40-43을 읽으시오(p.44). ______________________

____

나눔의 시간

1. 오늘의 말씀을 통해서 느낀 점을 말해보자.

2. 우리가 교회를 어떻게 섬길 것인지 의논해 보자.

제 43과

전신갑주로 무장하라

- 본문 / 엡 6:10-17(p.316)
- 찬송 / 348, 389

◆

할렐루야! 전도합시다!

사탄이 가장 좋아하는 무기

사탄이 부하들에게 사람들을 타락시키는 무기들을 보여주고 있었다. 황금, 권력, 명예, 술, 여자…등등.

마지막으로 깊숙이 감추어 두었던 것을 조심스럽게 끄집어내었다. 뜻밖에도 그것은 낡은 도끼였다.

"아니, 대장님! 그게 어떻게…"

"이 도끼는 희망의 줄을 끊는 도끼야. 내가 가장 좋아하는 무기지."

마귀는 지금도 사람들을 온갖 미혹을 통해서 지옥의 구렁텅이로 끌고 가려고 한다. 그렇게 때문에 그리스도인들은 악마의 궤계를 분별하여 넘어가지 않도록 항상 깨어 있어야 한다.

오늘 본문에서 바울은 영적인 전쟁에 대하여 말하고 있다. 그리스도인은 이 험한 세상을 믿음으로 승리하기 위해서 전신갑주로 무장하여야 한다.

1. 먼저 당신의 대적을 알라

지상의 전쟁이든지, 영적인 전쟁이든지 전쟁에 임하는 자는 전쟁의 대상, 즉 나의 적이 누구인지를 아는 것이 매우 중요하다. 마귀는 바로 우리들의 영적인 전쟁에서의 대적이다. 원수 마귀는 지금도 우리를 해하기 위해서 온갖 수단 방법을 가리지 않고 궤계를 부리고 있으며, 미혹의 길로 인도한다.

어떤 사람은 마귀가 보이지 않으므로 마귀란 존재하지 않는 것이라고 주장하기도 한다. 그러나 마귀는 분명히 존재하는 영물이다. 영물이기 때문에 보이지 않는 것일 뿐이다. 눈에는 보이지 않지만 지금도 역사하고 있는 마귀의 미혹을 경계하는 것이 그리스도인들의 승리의 삶이다.

그렇다면, 마귀는 어떤 존재인지 다음 성경을 읽으시오.

☞ 요 8:44을 읽으시오(p.159). ______________________________

____

2. 사탄에게 승리하는 비결은 무엇인가?

마귀와 사탄은 같은 말이다. 성경은 우리가 사탄을 제어하고 승리하는 비결에 대하여 몇 가지를 제시하는데, 에베소서 6장 10-11절에는 3가지 방법을 제시하고 있다. 사탄을 물리치는 첫 번째 비결은 우리가 '주 안에 (in

Christ)' 있어야 한다는 것이다. 여기서 주 안에 있다는 말은 말씀 안에 거한다는 말이다. 또한 사탄을 물리치는 승리의 두 번째 비결은 '그 힘의 능력으로 강건하여지고' 이다. 그 힘의 능력은 바로 예수님의 능력이요, 성령의 능력이다. 승리의 세 번째 비결은 '하나님의 전신갑주를 입으라' 는 것이다.

다음을 읽으시오.

☞ 엡 6:10-11을 읽으시오(p.316). ______________________

____

3. 하나님의 전신갑주란 무엇인가?

전신갑주란 군인의 완전무장을 의미한다. 군인이 전쟁을 수행하기 위해서 완전무장하지 않고서는 적을 물리칠 수 없음이 자명하다고 하겠다. 군인은 방패, 흉갑, 각반 등과 같은 방어용 무기와 더불어서 칼, 창과 같은 공격용 무기로 무장되어야 한다. 마찬가지로 그리스도인 역시 진리, 의, 복음, 구원이라는 방어용 무기와 말씀 곧 성령의 검, 그리고 기도와 간구라는 공격용 무기로 무장되어야 한다.

다음을 읽으시오.

☞ 엡 6:14-18을 읽으시오(p.316). ______________________

____

나눔의 시간

1. 오늘의 말씀을 통해서 느낀 점을 말해보자.

2. 마귀와의 영적 싸움의 경험이 있으면 간증해보자.

제 44과

기도에 깨어 있으라

- 본문 / 엡 6:18-20(p.316)
- 찬송 / 364, 361

할렐루야! 전도합시다!

가장 위대한 지도자의 비밀

2002년 영국의 한 방송국에서 가장 위대한 영국인을 설문조사한 일이 있었다. 설문은, "영국 역사상 가장 위대한 지도자는 누구입니까?" 였다. 윈스턴 처칠이 당당히 1위를 차지했다. 그의 학창 시절은 구제불능이었고, 육군사관학교도 3수 끝에 겨우 합격한 사람이었다. 그 비결은 무엇이었을까?그 자신은 늘 이렇게 말했다고 한다. "저는 무슨 일이든 시작하기 전에 항상 하나님께 도움을 청했습니다." 기도가 처칠을 무능한 자리에서 위대한 사람으로 끌어 올려놓은 비결이었던 것이다.

기도는 원수 마귀의 궤계로 가득 차 있는 세상에서 성도를 승리의 길로 인도하는 비결이다. 마귀는 우는 사자 같이 다니면서 믿음의 성도들까지도 미혹하여 실패의 길로 가도록 한다. 신자가 항상 깨어 있어 기도해야 할 이유가 여기에 있다. 성경 에베소서 6장에서는 이런 원수 마귀의 미혹을 물리치고, 믿음에 승리하기 위해서 하나님의 전신갑주를 입으며(10-17절), 깨어서 기도하기에 힘쓰라(18-20절)고 권면하였다.

그렇다면, 하나님의 전신갑주를 입고 있는 신자에게도 기도가 필요한 이유는 무엇인가?

1. 기도는 내 영혼을 훈련하여 힘이 있게 한다

신병이 군대에 입대하면 제일 먼저 군복을 입히고, 철모를 쓰게 하며, 총을 주고, 군화를 주어 완전무장을 하도록 하며, 그 이후에는 강한 훈련에 돌입한다. 그렇다면 그 이유는 무엇인가? 훈련을 잘 감당한 병사는 적이 쳐들어 왔을 때에 능히 물리칠 수 있는 힘과 능력을 갖출 수 있기 때문이다.

기도는 무엇인가? 기도는 내 영혼을 훈련하여 주님의 십자가 군병이 되게 하고, 원수 마귀 대적을 이길 수 있는 강건한 군병이 되게 한다.

다음을 읽고, 우리의 속사람이 강하게 되는 비결을 찾아보자.

☞ 엡 3:14-16을 읽으시오(p.312). ______________________________

____

2. 기도는 원수 마귀를 대적할 능력을 얻게 한다

원수 마귀는 성도에게 여러 가지의 문제를 가져다 줄 뿐만 아니라, 온갖 종류의 시험을 가져다 주는 자이다. 마귀는 양의 탈을 쓰고 있으나 속이는 자요, 미혹자이며, 이간하는 자이다. 때로는 병을 가져다 주기도 하고, 환난과 역경을 가져다 주기도 한다. 마귀는 하나님의 교회를 대적하고, 복음전파를 방해한다.

그렇다면, 신자에게 마귀를 대적할 힘은 어느 곳에서 나오는지 예수께서 시험산에서 마귀를 물리친 비결에서 찾아보자.

☞ 마 4:1,2,4,7,10을 읽으시오(p.4). ______________________

____

3. 기도는 문제를 해결하는 능력이 있다

우리가 험한 세상을 살아가다 보면, 원치 않는 여러 가지 문제들이 나타나서 우리를 괴롭히는 경우가 허다하다. 많은 사람들은 고난이 오고, 문제를 만나면 쉽게 낙심하고 절망한다. 그러나 지혜로운 사람은 내게 온 고난의 때를 축복의 기회로 활용할 줄 안다. '위기' 라는 말은 위기와 기회란 말의 합성이다. 우리가 내게 다가온 문제를 어떻게 이해할 것인가 하는 문제는 스스로의 몫으로서 위기도 되고 기회도 될 수 있음을 보여준다. 신자는 위기의 때에 열심히 기도하여 살아계신 하나님을 체험하는 기회로 활용할 줄 아는 자이다. 이런 의미에서 고난은 축복의 기회가 된다.

다음을 읽고, 주님의 음성을 들어보자.

☞ 요 14:13-14을 읽으시오(p.172). ______________________

____

☞ 막 9:29을 읽으시오(p.69). ______________________

____

나눔의 시간

1. 오늘의 말씀을 통해서 느낀 점을 말해보자.

2. 기도하여 응답 받은 것들을 간증해 보자.

제 45과

예수님의 사랑을 알라

- 본문 / 엡 6:21-24(p.317)
- 찬송 / 435, 428

할렐루야! 전도합시다!

불붙은 다이너마이트

1907년 멕시코의 어느 탄광촌에서 실재로 일어난 일이다. 탄광에서 사용할 다이너마이트를 가득 실은 화물열차의 끝 칸에 불이 붙었다. 이 불이 다이너마이트에 옮겨 붙으면 마을은 흔적도 없이 사라질 판이었다. 절대절명의 위기의 순간에 기관사는 열차를 출발시켰고, 전 속력으로 탄광촌을 떠나 허허벌판으로 달려 나갔다. 그 조금 후 허허벌판에서 다이너마이트는 대폭발을 일으켰고, 그곳에 있던 기관사 역시 열차와 함께 흔적도 없이 사라졌다. 그 사건 후 마을 사람들은 그 기관사의 사랑의 희생을 영원히 잊지 못하게 되었다.

인스턴트화한 현대에는 사랑까지도 쉽게 식어가게 된다. 하지만, 그리스도의 사랑이 우리의 믿는 신앙생활에 영향을 미쳐야 한다. 예수님을 사랑한다고 하면서도 감정에 의존한 신앙생활을 하다가 쉽게 변하는 것을 본다.

하지만 오늘 본문을 보면, 은혜 받은 사람은 변함없이 예수님을 사랑하는 자라고 했다. 세상의 변화에 따라가는 자가 아니라, 말씀에 굳건히 세워진 사랑의 소유자이다.

그러면, 어떻게 변함없이 사랑할 것인가?

1. 가까운 거리에서 사랑하라

사람은 서로 사랑할수록 두 사람의 거리는 가까워지는 법이다. 항상 가까이에 있고 싶어지고, 바로 옆에 있고 싶어진다. 사랑하면 보고 또다시 볼지라도 자꾸만 보고 싶어지는 법이다. 사랑하는 사람은 가까운 거리에 있기를 원한다.

당신의 신앙은 어떤가? 주님과 가까운 거리의 사랑을 유지하고 있는가? 아니면, 탕자처럼 주님과 멀리 떨어져 있는 것은 아닌가? 주님을 사랑하는 사람은 주님을 가까이 하며 주님을 간절히 찾는 삶을 살아간다.

다음을 읽으시오.

☞ 잠 8:17을 읽으시오(p.918). ______________________________

____

☞ 시 73:28을 읽으시오(p.855). ______________________________

____

2. 자기희생을 통한 사랑을 하라

참 사랑은 받는 것보다 베푸는 것이며, 자기희생을 통해서 사랑하는 것이다. 예수님도 우리를 사랑하실 때에 갈보리 산상의 십자가에서 우리의 억만 가지 죄를 대신하여 피흘려 돌아가시면서까지 우리들을 사랑하셨다.

그렇다면, 우리들도 주님을 사랑할 때에 나를 위해서 십자가에서 피흘려 돌아가신 주님을 생각하면서 변함없이 사랑해야 하며, 예수님의 자기희생적인 사랑을 본받아 살아야 한다.

다음을 읽고, 주님 사랑에 대한 신앙고백을 알아보자.

☞ 갈 2:20-21을 읽으시오(p.304). ______________________________

____

3. 끝까지 주님을 사랑하라

예수님이 우리를 사랑하시는 모습은 영원토록 변함없이, 끝까지 사랑하신다. 인간인 우리가 변하면 변했지, 예수님의 사랑은 영원토록 변함이 없다. 그러면, 문제는 무엇인가? 예수님과는 달리 사람들은 너무나도 쉽게 변질되고 있다는 점이다. 그렇지만, 신자는 누가 무엇이라고 할지라도 변함없이 주님을 사랑하는 믿음의 마음을 배워야 한다.

다음을 읽으시오.

☞ 요 13:1을 읽으시오(p.169). ______________________________

____

나눔의 시간

1. 오늘의 말씀을 통해서 느낀 점을 말해보자.

2. 변치 않고 주님을 사랑하는 사람의 간증을 들어보자.

Ⅷ
절기공과

제 46과

위대한 꿈으로 출발하라(신년)

- 본문 / 창 37:17-18(p.57)
- 찬송 / 539, 435

할렐루야! 전도합시다!

죤 워너메이커

죤 워너메이커는 벽돌을 만드는 사람의 아들로 태어났습니다. 얼마나 가난했는지 초등학교도 2학년까지 밖에 다니지 못했습니다. 그리고는 어린 나이에 가게에 취직을 해서 심부름과 청소를 하면서 돈을 벌었습니다. 이렇게 가난했던 그가 60년 후에는 세계 최고의 백화점 왕이 되었습니다. 물론 세계 최고의 부자도 되었고요. 기자들이 그 비결을 묻자 그는 이렇게 대답을 했답니다. "저에게는 꿈이 있었습니다. 그 꿈을 이루기 위해 열심히 노력했으며, 나머지는 기도하며 하나님께 맡겼습니다. 그랬더니 이렇게 되었습니다."

하나님을 믿는 사람은 어떤 경우도 꿈을 버리지 말아야 한다. 특히 기독교인들에게는 버릴 수 없는 꿈이 있다. 그것은 천국에 대한 소망이다. 기독교인들이 천국에 대한 소망을 가졌다고 해서 내세주의자가 아니다. 기독교인들은 천국에 대한 소망을 가슴에 간직하고 살면서 또한 동시에 이 땅을 천국으로 바꾸어 가는 비전의 사람이다. 인생에 비전과 꿈을 가지고 사는 자는 행복자이다. 그런 사람은 자신의 꿈을 결코 포기하지 않으며 기도하면서 성취해 낸다.

그렇다면, 금년 한 해를 어떻게 살아갈까?

1. 위대한 꿈을 갖고 시작하라

어떤 사람은 말하기를 평범한 사람을 비범한 사람으로 만들어 내는 힘이 바로 꿈이라고 했다. 평범과 비범의 차이도 바로 꿈이고, 보통 사람을 탁월하게 만드는 것도 꿈이라고 했다.

오늘 성경의 주인공인 요셉은 17살에 꿈을 가졌다. 모세는 80세에 꿈을 갖고 민족을 구원했고, 갈렙은 85세의 나이에 가나안 정복에 대한 꿈을 가졌다. 사람이 꿈을 간직하는 일에는 나이를 초월한다. 만약 당신이 새해에 위대한 꿈의 주인공이 된다면, 그 꿈은 주님의 도우심으로 반드시 성취될 것이다.

다음을 읽으시오.

☞ 욜 2:28을 읽으시오(p.1272). ______________________________

____

☞ 사 41:10을 읽으시오(p.1016). ______________________________

____

2. 꿈꾸는 자는 시련을 초월한다

오늘 본문을 보면, 요셉은 꿈의 사람이었다고 기록하고 있다. 그렇지만, 그의 꿈은 저절로 성취된 것이 아니다. 형제들의 시기와 질투, 미움이 있었으며, 애굽에서의 온갖 고난과 고통을 극복해 낸 후의 일이었다. 요셉은 시련을 당했지만, 그에 굴복하지 않고 시련을 초월한 자의 삶을 살았다. 위기를 축복의 기회를 역전시킨 위대한 꿈의 사람이었다.

그렇다면, 우리가 우리의 꿈을 성취하기 전에 오는 여러가지 시련 앞에서 어떻게 하는 것이 좋을지 말씀을 통해서 알아보자.

☞ 시 63:5-8을 읽으시오(p.846). ______________________________

____

3. 위대한 꿈은 반드시 성취된다

그리스도인들이 꿈을 간직하고 이 세상을 살아갈 때에 세상이 험하여 때때로 시련을 당하기도 하고, 때로는 온갖 방해에 부닥치기도 한다. 그렇지만, 요셉의 경우를 통해서 우리가 알 수 있는 것은 우리가 그럴 때에도 전능자 하나님을 의지하여 나가면 우리의 꿈을 그분의 도우심과 간섭하심으로 성취할 수 있다는 사실이다. 요셉이 가장 절박한 상황 하에서 하나님은 르우벤을 움직여서 생명을 구했고, 유다가 등장해서 요셉을 애굽으로 팔게 하였으며, 애굽에서도 감옥에까지 갔지만 오히려 그런 일들은 요셉의 꿈이 성취되어 가는 과정일 뿐이었다.

다음을 읽고, 신자의 용기가 어디서 나는지 알아보자.

☞ 시 37:23-24을 읽으시오(p.828). ____________________________

____

나눔의 시간

1. 오늘의 말씀을 통해서 느낀 점을 말해보자.

2. 당신의 신년도 꿈은 무엇인지 말해보자.

제 47과

그가 찔리고 상하심은(고난주간)

- 본문 / 사 53:5-6(p.1033)
- 찬송 / 154, 150

◇

할렐루야! 전도합시다!

필요한 분들에게 나누어주라

경기도 이천「한나원」이라는 양로원에 이정숙 권사님이 계셨다. 그 권사님은 연세가 드시자 자주 병원 신세를 지게 되셨다. 그러던 지난 2001년 3월 12일에 다시 산소 마스크로 연명하시게 되자 중대한 결단을 하셨다.

한나원의 원목 목사님께 모든 장기를 기증할 뿐 아니라 시신까지도 모두 기증하겠다고 한 후 더 이상 기계로 연명하지 말고, 예배를 드린 후 산소 마스크를 제거하라고 했고, 숨을 거두면 곧바로 장기는 필요한 분들에게 나누어주라고까지 신신당부 했다. 사순절 기간 동안 정말로 예수님의 그 고난을 몸소 체험하신 분이셨다. 진정으로 이웃을 당신의 몸과 같이 사랑하셨던 분이셨다.

이 세상에서 사람들이 겪는 고난은 많다. 그러나 이 세상의 어떤 고난도 예수가 십자가에서 당한 고난과는 비교할 수 없다. 예수는 죄와 상관없이 고통을 받았다. 예수는 인간의 죄를 대신 지시고 십자가에서 고난을 당한 것이다. 이사야 선지자는 본문에서 말하기를 "그가 찔림은 우리의 허물을 인함이요 그가 상함은 우리의 죄악을 인함이라"고 했다.

그렇다면, 예수는 왜 그렇게 찔리고 상하면서 고난을 당해야 했는지 구체적으로 생각해 보자.

1. 인간의 죄의 무게를 보여준다

예수께서 십자가를 지시고 골고다 언덕으로 올라가심은 인간의 죄를 지시고 올라가심과 같다. 다시 말하면, 예수께서 지신 십자가는 인간의 죄의 모습인 것이다. 그러므로 예수님이 십자가를 지시고 가시면서 수없이 쓰러지신 것은 인간의 죄의 무게가 그만큼 무거움을 보여주는 것이고, 예수께서 수 없는 채찍에 맞으심과 가시관을 쓰시고 창으로 옆구리를 찔려서 피를 흘리심은 인간의 죄가 얼마나 무서운지를 보여주는 것이며, 인간의 죄가 너무나도 커서 인간 스스로의 힘으로는 도저히 해결할 수 없다는 것을 보여주는 것이다.

다음을 읽고, 죄의 결과를 알아보자.

☞ 롬 6:23을 읽으시오(p.247). ______________________

____

2. 인간의 죄를 대속하기 위해서이다

하나님은 거룩하신 분이시다. 그러나 인간은 죄로 가득 차 있다. 그렇기 때문에 인간이 거룩하신 하나님을 가까이 할 수 없다. 죄인인 인간이 거룩하신 하나님과 함께 할 수 있는 유일한 방법은 자기의 죄를 해결하는 길 뿐이다. 인간의 죄는 너무 커서 이 세상의 어떤 것으로 값을 치른다고 해도 해결할 수가 없다.

하나님의 사랑은 인간의 죄를 대속하기 위해서 예수께서 갈보리 산상의 십자가에서 달리시는 것을 허락하셨다. 복음은 죄 없으신 예수께서 나를 대신하여 십자가에 달려 대속해 주셨다고 하는 것이다.

다음을 읽고, 죄 없으신 예수께서 우리를 위해 어떻게 했는지 알아보자.

☞ 요일 3:5을 읽으시오(p.390). ______________________________

____

☞ 사 53:6을 읽으시오(p.1033). ______________________________

____

3. 평화와 치료를 위함이다

인간은 죄 아래 있기 때문에 하나님과 원수가 되었으며, 그 때문에 이 세상은 죄악이 관영한 암흑의 상태였다. 사람들은 서로 물고 물리며 죄를 먹고 살았으며, 그 때문에 죄의 지배 아래서 고통 받고 신음하고 있었다.

십자가는 죄로 오염된 인간의 영혼을 치료하여 원수된 것을 무너뜨리고 평화와 사랑관계를 이루게 하였다. 우리가 예수 믿는 행복이 바로 여기에 있다.

다음을 읽으시오.

☞ 사 53:5을 읽으시오(p.1032). ________________________________

____

나눔의 시간

1. 오늘의 말씀을 통해서 느낀 점을 말해보자.

2. 예수를 믿고 얻게 된 행복을 말해보자.

제 48과

다시 사신 예수님(부활절)

- 본문 / 요 20:19-23(p.183)
- 찬송 / 161, 165

할렐루야! 전도합시다!

부활하면 안 되는 인물

후르시쵸프는 스탈린의 시신을 소련에 묻고 싶지 않았다. 다른 나라에 묻고 싶었다. 프랑스, 영국, 미국… 모든 나라에서 다 거절했다. 그때 이스라엘에서는 다음과 같은 단서를 붙여 허락한다고 했다. 「신빙성 있는 통계에 의하면, 이스라엘에 묻힐 경우 부활할 확률이 세계에서 제일 높답니다. 그래도 좋으시다면 허락합니다.」 다시 부활할 가능성이 높다는 말에 후르시쵸프는 할 수 없이 소련 땅에 스탈린의 시신을 묻었다는 유머가 있다.

예수의 부활은 세상에서 가장 놀라운 소식이며, 우리 신앙고백의 핵심이기도 하고, 부활 신앙은 우리들에게 험한 세상을 살아가도록 돕는 힘과 원동력이 되기도 한다. 예수의 부활을 통해서 사망권세가 물러갔고, 불의와 죄악이 정복되었으며, 승리의 개가를 높이 부르게 되는 놀라운 역사가 일어났다.

부활하신 예수님의 십자가의 사건으로 실망하여 좌절해 있는 제자들을 찾아오셔서 그들에게 힘과 용기를 주셨다. 오늘날 우리들도 예수님의 부활의 그 소식을 들음으로써 새로운 힘과 용기를 갖는 부활 신앙의 은총을 입어야 한다.

그렇다면, 예수님은 무슨 말을 했는가?

1. 너희에게 평강이 있을지어다(19절)

'평강' 이란 말은 성경 헬라어에서 '에이레네' 란 말이다. 이 말의 의미는 '조화', '일치', '번영', '평강' 이란 뜻이 있다. 예수님께서 제자들에게 평강이 있으라고 한 말은 그들의 깨어진 신앙과 삶에서 새로운 번영과 조화, 그리고 일치가 있어서 평안한 역사가 다시 일어나기를 바라는 메시지이다.

그렇다면, 평강의 근원은 무엇인가? 사람들은 평안의 문제를 세상의 물질적인 곳에서 그 근원을 찾으려고 한다. 하지만, 진정한 평안의 근원이 이 세상에는 있을 수 없다. 이 세상의 것은 모두가 그림자일 뿐이고 근본 자체는 될 수 없다. 이 평강의 근원은 하나님이시요, 예수 그리스도이시며, 성령님이시다.

다음을 읽고, 주님께서 우리들에게 주는 평안의 특징이 무엇인지 알아보자.

☞ 요 14:27을 읽으시오(p.173). ______________________________

____

2. 나도 너희를 보내노라(21절)

부활하신 예수께서 이런 말을 한 이유가 무엇일까? 하나님은 마귀의 유혹을 받아 하나님의 명령에 불순종하며 죄의 저주와 형벌로 멸망해 가는 불쌍한 인류를 살리시기 위해 예수 그리스도를 이 땅에 보내어 십자가에서 대속의 죽음을 죽으시도록 했다. 그 때문에 우리들이 그를 믿음으로 구원을 받게 되었다.

마찬가지로 부활하신 예수님은 우리들을 먼저 구원해 주신 후에 독생자를 이 세상에 보내신 하나님 아버지처럼 죄악으로 인하여 멸망해 가는 다른 세상 사람들에게 우리들을 보내셔서 복음을 전하게 하심으로 그들을 구원하시기를 기뻐하는 것이다. 그러므로 오늘날 우리들도 기쁨을 가지고 이 사명을 감당해야 한다.

그렇다면, 전도자의 사명을 잘 감당한 자에게 주어지는 축복은 무엇인가?

☞ 단 12:3을 읽으시오(p.1255). ______________________________

____

3. 성령을 받으라(22절)

부활의 주님은 어찌하여 제자들에게 나타나셔서 "성령을 받으라."고 했는가? 그 중요한 이유는 성령을 받아야 내 영혼에 능력이 생기고, 성령을 받아야 증인의 삶을 바르게 살 수 있기 때문이다. 성령의 사람은 절망에서 소망의 사람이 되며, 슬픔에 빠져 있을 수 밖에 없는 상황에서도 기쁨의 삶을 살 수 있다.

다음을 읽고, 성령과 전도의 관계를 살펴보자.

☞ 행 1:8을 읽으시오(p.187). ______________________________

____

성경은 성령 받는 비결을 어떻게 말하는가?

다음을 읽고, 그 비결을 터득하여 삶에 적용시켜 보자.

☞ 행 2:38을 읽으시오(p.190). ______________________________

____

나눔의 시간

1. 오늘의 말씀을 통해서 느낀 점을 말해보자.

2. 성령 충만한 삶의 유익에 대해 말해보자.

제 49과

어떻게 공경할까?(부모님주일)

- 본문 / 출 20:12(p.112)
- 찬송 / 559, 310

할렐루야! 전도합시다!

어머님을 기쁘게 해 드리는 것

많은 사람들에게 사랑과 존경을 받던 미국의 대통령들은 다음과 같은 몇 가지의 공통점이 있었다. "어떻게 대통령이 되었습니까?" 하는 질문에 그들은, "어머님 말씀에 순종하여 열심히 공부하며 정직하게 성실히 살다 가보니 대통령이 되었습니다." 라고 대답했다. "앞으로 바라는 것이 있다면 무엇입니까?" 라는 질문에는, "어머님을 기쁘게 해 드리는 것입니다." 라고 대답했다고 한다.

이 땅에서 잠시 잠깐 있다가 없어지는 인간도 상속자가 될 때에 하루 아침에 신분이 바뀌고 세상이 떠들썩 하는데, 영원히 버림받아 멸망할 수밖에 없는 이방인이 하늘의 상속자가 되었다는 그 기쁨을 당신은 아는가? 이 세상에서 가장 놀라운 사건은 부모로부터 엄청난 신앙의 유산을 얻게 된 것이며, 자손만대에 그 유산을 남겨 놓는 일이고, 불신부모가 구원받게 해드리는 것이다.

그렇다면, 우리가 부모공경을 어떻게 해야 할까?

1. 존경하며 공경하라

자녀가 부모와의 바른 관계를 설정하는 것은 매우 중요하다. 가정에서 부모와의 원만한 관계를 유지하는 자녀는 사회생활도 원만하고 바르게 하게 된다. 그렇지만, 부모와의 관계가 아름답지 못한 사람은 성장하여 사회생활을 한다고 할지라도 원만한 사회생활을 하기 어렵게 된다.

부모와의 바른 관계는 부모를 존경하는 데서부터 시작된다. 자녀가 부모를 존경하며 공경하는 것은 하나님의 뜻이기도 하다. 하나님은 부모를 존경하며 공경하는 사람을 축복하신다는 사실을 기억하도록 하자.

다음을 읽으시오.

☞ 신 5:16을 읽으시오(p.269). ______________________________

____

2. 이해하며 감사하라

부모님의 세대와 자녀의 세대는 엄청난 시대적인 변화가 있게 마련이며, 그 때문에 세상과 인생을 바라보는 생각에 있어서 시각적인 차이가 있다. 그런데, 그러한 차이점 때문에 자녀가 부모를 무시하고 공경하지 않는다면 이는 잘못이다. 자녀는 나와 다른 시각을 가지고 있는 부모의 세대를 이해해야 한다. 그럴 때에 부모를 존경할 수 있고, 나를 낳아주신 부모에게 감사할 수 있게 된다. 신앙인은 과거 부모로부터 받은 상처나 쓴 경험이 오늘날 나를 지배하지 못하게 해야 한다. 우리는 하나님 아버지를 모신 하나님의 자녀이기 때문에 나를 낳아주신 부모님을 이해 못할 일이 없으며 감사하지 못할 일이 없다.

다음에서 말세의 징조를 살펴보고, 부모와의 관계에서 생각해 보도록 하자.

☞ 딤후 3:1-5을 읽으시오(p.345). ______________________________

____

3. 인정하고 돌아보라

부모가 젊었을 때에는 여러 가지 면에서 자녀들에게 도움을 줄 수 있지만, 부모의 연세가 높아짐에 따라서 그 도움의 영역은 점점 줄어들며 자녀에게는 아무런 도움은 없고 부담이 될 수도 있다. 이런 문제 때문에 오늘날 늙으신 부모님들이 인생의 황혼 말년에 고독하게 지내는 경우가 많다.

그리스도인들은 나를 낳아주신 부모님의 연세가 높아질수록 가까이에서 더욱 잘 돌봄으로 공경하는 것이 참된 하나님의 자녀의 도리임을 기억해야 한다.

때때로 거리가 멀어 가까이 할 수 없을 때에는 전화라도 자주 드리고, 선물을 보내 드리며, 편지를 보내어 위로하고 감사하도록 하자.

다음을 읽고, 부모 공경을 어떻게 해야 할지 알아보자.

☞ 엡 6:1-3을 읽으시오(p.316). ______________________________

____

나눔의 시간

1. 오늘의 말씀을 통해서 느낀 점을 말해보자.

2. 부모 공경의 방안을 함께 의논해 보자.

제 50과

맥추절을 지키라(맥추절)

- 본문 / 출 23:16-17(p.117)
- 찬송 / 589, 314

할렐루야! 전도합시다!

열 명의 나병환자

누가복음에 나오는 열 명의 나병환자들의 이야기를 잘 알 것이다. 한 사람만이 예수님을 찾아와 감사를 드림으로 그는 영육 모두 구원 받았음을 잘 안다. 그러면 나머지 아홉 사람은 어떻게 되었을까? 전해오는 이야기에 의하면 그들 9명은 사랑하는 가족들과 기쁨을 만끽했다. 뒤늦게 예수님을 기억하고 예수님을 찾았다. 그러나 예수님은 이미 십자가에 못박혀 돌아가신 뒤였다고 한다. 감사는 감사할 수 있을 때 해야만 한다. 맥추 감사절, 우리는 너무 쉽게 생각하고 넘어가고 있지는 않은지?

어떤 사람은 말하기를 이 시대의 가장 큰 비극은 하나님의 은혜를 모르고 살고 있는 사람이 많은 것이라고 했다. 신앙인은 작은 것에서부터 하나님의 은혜가 무엇인지를 찾아 감사하고 기뻐하는 삶을 사는 복된 자가 되어야 한다. 하나님은 감사하는 사람에게 더욱 큰 은혜로 축복해 주신다.

그렇다면, 맥추 감사절에 대하여 생각해 보자.

1. 맥추절의 유래

유대 나라에는 그들이 가장 중요하게 여기며 지키는 3대 절기가 있다. 그것은 바로 유월절, 맥추절, 추수 감사절이다. 맥추절이라는 말은 이스라엘 백성들이 애굽에서 나와 40년간 광야에서 유리방황하다가 이제 가나안 땅에 들어와서 자신들이 처음 지은 보리나 밀을 거두어 제사를 드림으로 붙여진 이름이고 칠칠절이라고도 한다. 하나님께서는 자기 백성들이 하나님의 은혜를 영원히 잊지 않고 감사하면서 살도록 하기 위해서 이와 같은 절기를 지키도록 하였다.

다음을 읽으시오.

☞ 출 23:16을 읽으시오(p.117). ______________________________

____

오늘날 우리들도 수없이 많은 하나님의 은혜 속에서 살아간다. 하지만, 불행하게도 사람들은 하나님의 은혜를 자주 잊어버리고 감사하지 않는 경우가 많고, 심지어는 내 능력으로 모든 것들이 되어졌다고 여기는 어리석음을 범하기도 한다.

그렇다면, 신자가 감사를 잃지 않아야 할 이유를 알아보자.

☞ 신 8:17-18을 읽으시오(p.275). ______________________________

____

2. 맥추절을 지키는 자세

매 주일마다 우리가 교회에 모여서 예배를 드리는 것은 일주일에 대한 감사의 제사이며, 또다시 시작되는 일주일에 대한 확신과 결단을 위함이다. 한 해의 반년에 대하여 하나님의 은혜를 아는 자가 가장 먼저 할 일은 하나님의 성전으로 달려가서 그 은혜에 대하여 감사 제사를 드리는 일이다. 맥추절에 우리가 해야 할 가장 중요한 일은 먼저 하나님의 성전에 모여서 감사제사를 드리는 일이다.

☞ 신 26:1-2을 읽으시오(p.300). ______________________________

____

3. 맥추절의 축복

성경은 토지의 처음 익은 열매로 하나님께 최선을 다하여 예배하는 자에게 대한 축복의 약속을 계속하고 있다. 하나님께서는 자기 사자를 보내어 그의 인생길에서 보호하시고 예비한 길에 이르게 하시며, 병들을 제해 주시고 각종 환난과 악한 짐승들을 막아 주시며 원수들을 쫓아내며 평안한 삶을 살게 해주시겠다고 약속하셨다. 이 세상은 험한 세상이다. 예기치 못할 일들이 우리 앞길을 막고 방해한다. 맥추절의 축복은 바로 이런 문제들에서 우리를 보호해 주고 지켜주는 은총을 입는다.

다음을 읽으시오.

☞ 출 23:19,20,22,25을 읽으시오(p.117). ______________________

____

☞ 잠 3:9-10을 읽으시오(p.912). ____________________

____

나눔의 시간

1. 오늘의 말씀을 통해서 느낀 점을 말해보자.

2. 금년 맥추절을 은혜롭게 지킬 방안을 의논해 보자.

제 51과

감사하는 자의 삶(추수절)

- 본문 / 골 3:15-17(p.327)
- 찬송 / 589, 450

할렐루야! 전도합시다!

추수 감사절의 시작

추수 감사절은 어디에서 언제부터 시작되었을까? 옛날에 이스라엘 사람들은 장막절이라고 하여 농사가 다 끝나면 하나님께 감사를 드리는 명절이 있었다. 그러나 오늘날의 추수 감사절은 미국 땅에서 시작되었다. 영국에서 하나님을 믿는 사람들을 괴롭히자 그 사람들 중 102명이 배를 타고 미국 땅으로 갔다. 추운 겨울에 도착한 그들은 추위와 배고픔과 병으로 44명이나 죽었으나 그들은 먼저 하나님께 감사예배를 드렸다. 1년이 지난 후, 그들이 추수를 할 때는 52명밖에 남지 않았으나 그들은 추수한 곡식을 가지고 하나님께 감사의 예물을 드리고 감사예배를 드렸다. 이것이 추수 감사절의 시작이며, 교회에서는 교단에 따라, 추석부터 11월 셋째 주 사이에 추수 감사절 예배를 드리고 있다.

어떤 사람이 말하기를 감사와 불평은 하면 할수록 커진다고 했다. 인간의 감사는 하나님께서 주신 은혜를 보답하려는 마음에서부터 시작된다. 그러나 우리의 감사생활이 매우 중요함에도 불구하고 그 실천은 쉽지만 않은 것도 사실이다. 그래서 오늘 본문에서 기자는 "너희는 감사하는 자가 되라"(15절)고 했다.

금년 추수 감사절에 감사하는 자가 되도록 하자. 그래서 감사의 신앙을 회복하는 참된 그리스도인의 삶을 살도록 하자.

1. 그리스도의 평강을 회복하라

사람의 마음은 그릇과 같다는 말이 있다. 마음이라는 그릇에 무엇을 담느냐에 따라서 그릇에 담았던 것들이 평상시 나오게 된다. 나의 마음의 그릇에 불평, 절망, 낙심, 한숨, 원망, 미움을 담았다면, 나도 모르게 그러한 것들이 나올 것이다. 하지만, 신자가 나의 마음의 그릇에 기쁨, 감사를 담고 산다면 그런 사람은 감사의 사람이요, 행복한 그리스도인이라 할 수 있다.

그렇다면, 우리가 감사의 삶을 회복하려면 어떻게 해야 할까?

다음을 읽고, 그 해답을 알아보자.

☞ 골 3:15을 읽으시오(p.327). ______________________________

____

2. 찬양으로 영광을 돌리라

본문 16절에 보면, "시와 찬미와 신령한 노래를 부르며 마음에 감사함으로 하나님을 찬양하라"고 했다. 하나님을 찬양하는 자의 삶은 아무나 할 수 있는 일이 아니다. 찬양의 삶은 하나님 앞에 감사의 마음을 가진 사람이 할 수 있는 일이다. 그래서 어떤 사람은 말하기를 찬양은 감사의 도구라고 했다. 우리가 찬양하면서 감사하는 삶을 살 때에 문제가 해결되고 기적이 일어난다.

다음을 읽고, 바울과 실라에게 있던 옥문의 문제가 해결된 비결을 알아보자.

☞ 행 16:25-26을 읽으시오(p.216). ______________________________

____

3. 예수를 힘입어 살라

우리가 험한 세상을 살면서 험한 세상에서 부닥쳐 오는 여러 가지 문제들을 쉽게 극복하기는 어렵다. 더더군다나 우리는 연약한 육신을 입었기 때문에 우리의 마음과는 달리 어려운 문제들 앞에서 쉽게 감사와 찬양을 할 수 없다.

하지만, 우리가 우리의 힘으로 극복할 수 없으며 감사할 수 없는 일들 앞에서도 담대하게 나아갈 수 있는 비결이 있다. 그것은 예수를 힘입어서 사는 것이다. 우리가 예수를 힘입어서 험한 세상을 살아갈 때에 우리는 아버지 하나님께 감사하면서 살 수 있다.

다음을 읽으시오.

☞ 골 3:17을 읽으시오(p.327). ______________________________

____

나눔의 시간

1. 오늘의 말씀을 통해서 느낀 점을 말해보자.

2. 추수절에 하나님께 감사할 일들을 찾아보자.

제 52과

작은 자로 오신 예수(성탄절)

- 본문 / 마 2:6(p.2)
- 찬송 / 115, 121

할렐루야! 전도합시다!

성탄 선물로 라면 두 봉지

70년대 초의 일이다. 서울 성동구 성수동에 있는 어떤 교회에 다니는 어떤 할머니가 있었다. 그 할머니는 어떤 이층집의 계단 밑에 반 평도 되지 않는, 그것도 머리를 숙여야 들어갈 수 있는 빈 공간을 이용하여 그 부근의 공장에서 일하는 사람들에게 라면이나 오뎅 등을 팔아 겨우 생활하는 노인이었다. 어느 해 12월 24일 저녁, 이 할머니가 목사님을 찾아 왔다. "목사님, 얼마나 수고가 많으십니까? 너무나도 보잘 것 없지만 이거 받으십시오." 종이봉투에 담은 라면 두 봉지였다. 성탄 선물로 라면을 받은 목사님은 눈물을 흘리면서, 할머니의 두 손을 꼭 잡고 함께 감사의 기도를 하였다 고 한다. 선물에는 마음이 중요하다.

기독교의 성탄절은 기독교 명절 중에서 가장 큰 날이며 가장 큰 명절이라고 할 수 있다. 하지만, 역으로 생각해 보면 기독교의 성탄절은 가장 작은 날이기도 하다. 왜냐하면, 예수님은 큰 자로 오신 것이 아니라 작은 자로 오셨으며, 섬김을 받으려고 오신 것이 아니라 도리어 섬기려고 오셨기 때문이다.

1. 작은 자로 오신 예수

우리가 예수님을 생각해 볼 때에 그분은 가장 큰 자이나 가장 작게 오신 분이다. 예수님은 유대 땅 베들레헴에서 태어났다. 베들레헴은 작은 목자들의 마을인데 여기서 탄생하신 것이다.

그렇다면, 왜 예수님은 보잘 것 없이 작은 유대 나라에 태어나신 것일까? 그것은 작고 보잘 것 없는 어떤 나라, 어떤 사람이라고 할지라도 예수를 모시기만 하면 능히 큰 자 보다 더한 구원의 역사를 일으킬 수 있다는 것을 보여주기 위함이다.

다음을 읽으시오.

☞ 고전 1:25-29을 읽으시오(p.264). ______________________

____

2. 예수님의 관심

이 땅에서의 공생애 동안 예수님의 관심은 작은 자에게 있었다. 예수님께서는 베데스다에 가시고, 나인성에 들어가셨으며, 세리 삭개오의 집에도 가셨다. 예수님은 작은 자 하나를 실족하게 하면 바다에 빠져 죽는 것이 낫다고 하셨다.

예수님은 과부의 두 렙돈을 칭찬하셨으며, 서로 높아지겠다고 싸운 제자들은 책망하셨다. 예수님은 소외된 자를 사랑하셨으며 그들에게 관심을 갖는 자들을 칭찬하셨다.

다음을 읽고, 작은 자에 대한 예수님의 음성을 들어보자.

☞ 마 25:40을 읽으시오(p.44). ____________________

____

☞ 눅 17:1-2을 읽으시오(p.123). ____________________

____

3. 그리스도인의 신앙자세

세상의 많은 사람들은 세상적인 곳에 관심을 갖는다. 높아지는 것에 관심을 갖고 많이 갖는 것에 관심을 갖는다. 그러나 예수님은 낮아지라고 하였고, 높은 자리에 앉지 말라고 하셨다.

그리스도인은 교회에서나 사회에서 높아지려고 하기보다 낮아지려고 하고, 대접받으려고 하기보다는 섬기는 자가 되려고 해야 한다. 금번 성탄절에는 작은 것의 아름다움을 배우도록 하자. 교만과 허영을 버리고 겸손의 사람이 되도록 하자. 그렇게 할 때에 우리가 섬기는 교회가 아름다워지고, 나의 가정은 행복하게 될 것이다.

다음을 읽으시오.

☞ 롬 12:16-18을 읽으시오(p.256). ____________________

____

나눔의 시간

1. 오늘의 말씀을 통해서 느낀 점을 말해보자.

2. 섬김의 삶, 작은 자의 삶을 어떻게 실천하면 좋을까?

Memo

NEW

충성하는 구역

인쇄일 2009년 1월 10일
발행일 2009년 1월 15일
수정 3쇄 2010년 11월 20일
발행인 신정석
편집 겸 발행처 도서출판 예수사랑 (Grace 은혜출판사)
주소 서울 종로구 숭인 2동 178-94
전화 (02) 744-4029 팩스 744-6578
출판등록 제 1-618호(1988. 1. 7)
http://www.okgp.com e-mail:okgp@okgp.com

ISBN 978-89-7917-845-6 03230